# 살아 천년 죽어 천년 신라

변영교 역사시집

土房

## 시인의 말

서구문화의 원류源流가 로마제국이라면
우리 문화의 뿌리는 신라다.

천년을 머물다가
사라지고 또 천년!

하지만 오늘날 우리의 삶 여기저기에서
그들의 흔적은 묻어있다.

몇 안 되는 사서史書와 많지 않은 유물로
그 시대를 복원하려는 학자들의 노력에도 불구하고
아직은 모르는 게 더 많아 아쉽다.

그나마 그분들의 연구 결과에 의지하여
우리 문화의 시원始原을 찾아보려던
나의 의도는 충족되었을까?

두렵다.

2018년 4월<br>변영교

## 일러두기

* 시는 물론 당해 왕의 시대를 조감할 수 있는 왕의 연보를 함께 읽기를 권한다.
* 왕을 위주로 시집을 구성하였다. 왕비들의 비슷비슷한 이름과 얽히고설킨 가계家系를 설명하기에는 지면이 너무 좁았다.
* 표기된 모든 연월일은 음력이다.
* 부部의 나눔은 삼국사기의 시대구분인 상대上代, 중대中代, 하대下代에 따랐으나
  왕의 숫자가 많은 상대는 세 부, 하대는 두 부로 세분하였다.
* 우리나라 최고最古의 사서史書인『삼국사기』와『삼국유사』를 기초로 하였다.
* 많은 학자들의 저서와 연구결과를 참고하였으나 일일이 그 출처를 밝히지 못한 점 죄송하게 생각한다.
* 학자들 간에 학설이 대립되는 경우 저자의 판단으로 선택하였다.
* 시의 이해에 도움이 될 자료와 용어해설을 책의 마지막에 첨부하였다.

# 차례

- 시인의 말 / 3
- 별첨 /
    1. 용어해설
    2. 신라왕의 계보
    3. 신라의 국경분쟁 및 재난기록
    4. 신라 왕릉의 위치
    5. 신라왕의 왕위 계승도(별지 참조)

## I. 상대上代 · 1

(1대 혁거세 거서간 ~ 9대 벌휴 이사금)

입국立國 ·············· 14
  — 1대 박혁거세 거서간
무당 ·············· 16
  — 2대 남해 차차웅
가배嘉俳 ·············· 18
  — 3대 유리 이사금
야장冶匠 ·············· 20
  — 4대 탈해 이사금
소국小國 ·············· 22
  — 5대 파사 이사금
주다酒多 ·············· 24
  — 6대 지마 이사금

정사당政事堂 ················· 26
　－ 7대 일성 이사금
하늘길 ················· 28
　－ 8대 아달라 이사금
토픽Topic ················· 30
　－ 9대 벌휴 이사금

## II. 상대上代 · 2
　　(10대 내해 이사금 ~ 18대 실성 이사금)

부활復活 ················· 34
　－ 10대 내해 이사금
순장殉葬 ················· 36
　－ 11대 조분 이사금
모계사회母系社會 ················· 38
　－ 12대 첨해 이사금
신화神話 ················· 40
　－ 13대 미추 이사금
구전口傳 ················· 42
　－ 14대 유례 이사금
태백산太白山 ················· 44
　－ 15대 기림 이사금

착오錯誤? ·················· 46
 — 16대 흘해 이사금
근친혼近親婚 ·················· 48
 — 17대 내물 이사금
보복報復 ·················· 50
 — 18대 실성 이사금

## III. 상대上代 · 3
 (19대 눌지 마립간 ~ 28대 진덕여왕)

마립간麻立干 ·················· 54
 — 19대 눌지 마립간
마을이름 ·················· 56
 — 20대 자비 마립간
우역郵驛 ·················· 58
 — 21대 소지 마립간
신라국왕新羅國王 ·················· 60
 — 22대 지증 마립간
흥법興法 ·················· 62
 — 23대 법흥왕
대붕大鵬 ·················· 64
 — 24대 진흥왕

화백회의和白會議 ·············· 66
　― 25대 진지왕
부처部處 ·············· 68
　― 26대 진평왕
여왕님 ·············· 70
　― 27대 선덕여왕
마지막 성골聖骨 ·············· 72
　― 28대 진덕여왕


## IV. 중대中代
　(29대 무열왕 ~ 36대 혜공왕)

아! 백제百濟 ·············· 76
　― 29대 무열왕
통일統一 ·············· 78
　― 30대 문무왕
융합融合 ·············· 80
　― 31대 신문왕
한세월閑歲月 ·············· 82
　― 32대 효소왕
삶 ·············· 84
　― 33대 성덕왕

화장火葬 ·············· 86
　　― 34대 효성왕
꽃 ·············· 88
　　― 35대 경덕왕
항룡유회亢龍有悔 ·············· 90
　　― 36대 혜공왕

## V. 하대下代 · 1
　　(37대 선덕왕 ~ 46대 문성왕)

방계傍系 ·············· 94
　　― 37대 선덕왕
중시조中始祖 ·············· 96
　　― 38대 원성왕
후계자 ·············· 98
　　― 39대 소성왕
해인삼매海印三昧 ·············· 100
　　― 40대 애장왕
호구조사 ·············· 102
　　― 41대 헌덕왕
순애보純愛譜 ·············· 104
　　― 42대 흥덕왕
난국亂國 ·············· 106
　　― 43대 희강왕

난세亂世 ·················· 108
　— 44대 민애왕
일곱 달 천하 ·················· 110
　— 45대 신무왕
보은報恩 ·················· 112
　— 46대 문성왕

## VI. 하대下代 · 2
　(47대 헌안왕 ~ 56대 경순왕)

천도天道 ·················· 116
　— 47대 헌안왕
내막內幕 ·················· 118
　— 48대 경문왕
처용處容의 한恨 ·················· 120
　— 49대 헌강왕
인시寅時 ·················· 122
　— 50대 정강왕
군웅출현群雄出現 ·················· 124
　— 51대 진성여왕
후삼국後三國 ·················· 126
　— 52대 효공왕
역성易姓 ·················· 128
　— 53대 신덕왕

회한悔恨 ················ 130
　　― 54대 경명왕

능욕凌辱 ················ 132
　　― 55대 경애왕

마의태자麻衣太子 ················ 134
　　― 56대 경순왕

신라인은 누구인가?

온 지구가 꽁꽁 얼어 한 덩어리이던 빙하기 시대. 어디에선가 걸어 들어온 사람들이 이 땅에 살기 시작하였다. 70만 년 전의 일이다.

세월이 흘러 지금부터 12,000년 전, 빙하기가 끝나면서 얼음이 녹아 바다가 되었다. 일본은 섬이 되었고, 우리나라는 삼면이 바다인 반도가 되었다. 사람과 문명의 이동은 북으로만 가능했다.

BC 6~7,000년경 시베리아로부터 신석기 문화가 들어왔다. 돌을 깨서 칼로 쓰던 사람들이 돌을 갈아[磨] 도끼를 만들게 된 것이다.

BC 2333년 단군께서 고조선을 건국하셨고, BC 3~400년경 철기문명이 들어왔다. 그리고 BC 194년에 성립되었던 위만조선이 BC 108년에 멸망하였다.

이 조선의 유민들이 남쪽으로 내려와 지금의 경주지역에 도착, 사로斯盧 6촌을 형성하여 기존의 토착민들과 어울려 살고 있었다. 이들이 경상도지역에 산재해 있던 진한辰韓 12국 중의 하나인 사로국斯盧國이다.

사로국이 신라가 되었다.
BC 57년이다.

# I. 상대上代 · 1
(1대 박혁거세 거서간 ~ 9대 벌휴 이사금)

# 입국立國
— 1대 박혁거세 거서간

나라가 무너지면
깨인 자는 떠나느니

따스한 남녘 해변 산기슭에 터를 잡고

유민遺民의 세월 오십년
여섯 촌장 손잡았네.

갑자甲子년 정월 보름
새 하늘이 열리는 날

덕 있는 분을 모셔 나라를 세우오니

하늘 땅 신명神明이시어
굽어 살펴 주옵소서.

\* 신라는 고조선의 유민들이 세운 나라다.

\* 1대 박혁거세朴赫居世 거서간居西干(재위 BC57년~AD4년)


- BC 108년(한무제漢武帝 원봉元封 3년) 위만조선衛滿朝鮮 멸망
  BC 69(한선제漢宣帝 지절地節 원년元年) 박혁거세 출생

〈일찍이 (위만)조선 유민들이 들어와 산골짜기에 여섯 마을을 이루어 살고 있었다. 알천의 양산촌, 돌산의 고허촌, 자산의 진지촌, 무산의 대수촌, 금산의 가리촌, 명활산의 고야촌이다. 어느 날 고허촌장 소벌공이 양산(楊山, 경주 남산) 기슭을 바라보니 나정(蘿井) 옆의 숲 사이에 말이 꿇어앉아 울고 있었다. 가보니 말은 보이지 않고 큰 알만 있었다. 이것을 쪼개자 그 속에서 어린아이가 나왔다. 이곳 사람들은 호(瓠, 표주박)을 '박'이라고 불렀는데, 처음의 큰 알이 박의 모양과 비슷함으로 그의 성을 '박(朴)'이라 하였다.〉

  BC 57(한선제漢宣帝 오봉五鳳 원년元年 갑자甲子) 정월 보름
    13세의 나이에 거서간으로 추대되어 신라를 세움

〈6촌장이 모여 '덕 있는 자(혁거세)'를 '간 중의 간'인 '거서간'으로 추대하여 임금으로 모셨다. 촌장들은 스스로를 우두머리란 뜻인 '간(干)'으로 불렀다.〉

  BC 53(혁거세 5) 정월 알영을 왕비로 맞이함

〈외부에서 들어온 6촌장이 자기들 대표를 거서간을 추대하자 토착세력들이 강력하게 반발했다. 혁거세는 현지세력인 알영(閼英)을 배우자로 맞아들이며 신라의 건국을 마무리했다.〉

  BC 37(혁거세 21) 금성金城을 쌓았고, 고구려가 건국되었음
  BC 18(혁거세 40) 백제 시조 온조가 나라를 세움
  AD 4(혁거세 61년) 거서간이 별세, 오릉五陵에 장사지냄.

# 무당
### — 2대 남해 차차웅

1
아버님 그림자는 건너야할 강이로다!

혼자서 용쓴다고
그 일을 이루리까?

하늘에 의지하면서
조상님께 덕을 빌리.

2
용과 범이 어울려 참 구슬을 낳았구나!

마른하늘 비 내리고
아픈 자는 일어서네

하늘이 감응하시는
크시도다 우리 자충慈充.

\* 차차웅과 자충은 같은 뜻으로 신라 말로 무당이다.

* 2대 남해南解 차차웅次次雄 (재위 AD 4년~24년)


- AD 4년(남해 원년) 3월 혁거세의 아들 남해가 즉위하여
　　　　　　　재위 원년을 삼음.

〈차차웅을 자충(慈充)이라고도 하는데, 신라 역사가 김대문에 의하면 '자충은 방언으로 무당이다. 무당이 귀신을 섬기고 제사를 주관함으로 사람들이 두려워하고 존경하다가, 마침내 존장자(尊長者)를 자충이라 하였다.'고 한다.〉
〈논왈(論曰) : 임금이 즉위한 다음 해를 원년(元年)이라 칭하는 것은 그 법이 「춘추(春秋)」에 상세히 정해진 것으로, 이는 선왕(先王)의 절대적인 법도이다. 임금이 돌아가신 해를 다음 왕의 즉위 원년이라 한 것은 옳지 않다. =〉 이는 박혁거세가 사망한 AD4년을 남해차차웅 원년이라 한 것을 김부식이 비판한 것이다.〉

〈삼국사기 저자 김부식은 중간 중간 자신의 의견을 '논왈(論曰)'이라 하여 개진하고 있다. 하지만 김부식은 그 내용을 비판하면서도 신라시대의 원사서(原史書)에 기록된 내용을 첨삭하지 않고 원문대로 기술하였다. 후세에 올바른 역사가의 자세로 평가되는 이유다.〉

　　4(남해 원년) 7월 낙랑군사가 금성을 포위하였다 물러감
　　8(남해 5) 탈해脫解에게 왕의 장녀를 시집보냄
　　10(남해 7) 탈해를 대보大輔(재상의 관직)로 임명함
　　14(남해 11) 왜인이 병선 100척으로 민가를 약탈함
　　18(남해 15) 서울에 가뭄이 들었음
　　22(남해 19) 11월에도 얼음이 얼지 않았음
　　24(남해 21) 9월 왕이 별세, 사릉원(오릉)에 장사지냄.

## 가배嘉俳
  － 3대 유리 이사금

1
편을 나눈 여인네들
한 달 동안 길쌈하여
팔월 보름 달 아래서 승부를 결정짓고
음식과 술을 나누며 노래하고 춤췄다네.

2
한껏 부푼 달덩이
가슴마다 품고서
꼬리에 꼬리를 물고 기어가는 귀성길도
거슬러 거슬러 오르면 여기가 남상濫觴이다.


\* 가배는 오늘날 추석명절의 기원이다.

\* 3대 유리儒理 이사금尼師今 (재위 24년~ 57년)

- 24년(유리 원년) 남해 아들 유리가 보위에 오름

〈김대문에 의하면 이사금(尼師今)은 방언으로 닛금[齒理]을 일컫는 말이다. 차차웅이 죽기 전 아들 유리와 사위 탈해에게 '둘 중 나이가 많은 사람이 내 뒤를 이으라.'고 말했다. 그래서 둘이 떡을 깨물어 잇자국이 많은 유리가 왕위를 이어, 왕호를 이사금이라 불렀다.〉

　28(유리 5) 우리나라의 첫 가악인 도솔가兜率歌가 나옴
　32(유리 9) 6부의 이름을 고치고 성姓을 하사하였음

〈6부의 이름과 성씨는 다음과 같다.
알천 양산촌-양부-이씨, 돌산 고허촌-사량부-최씨
자산 진지촌-본피부-정씨, 무산 대수촌-모량부-손씨
금산 가리촌-한기부-배씨, 명활산 고야촌-습비부-설씨〉
〈하지만 현금의 역사학계에서는 6촌을 6부로 전환한 것을 17대 내물이사금 즈음, 성(姓)을 처음 사용한 것은 24대 진흥왕 때라고 보고 있다. 이 기록은 일종의 역사소급이라 사료된다.〉

추석명절의 유래가 된 가배嘉俳놀이를 하였음

〈국왕은 신라 6부의 여자들을 두 편으로 나누어 7월 16일부터 한 달간 매일 새벽부터 밤 열시까지 길쌈을 하게하였다. 그리고는 8월 15일 길쌈한 양을 비교하여, 적은 편에서 술과 음식을 차려 많은 편에 사례하였다. 이때 노래와 춤과 여러 가지의 오락을 하였는데, 이 행사를 가배라고 하였다.〉

　37(유리 14) 낙랑이 멸망, 백성 5천명이 투항해 옴.
　57(유리 34) 10월에 별세하여 사릉원(오릉)에 장사지냄.

# 야장冶匠
— 4대 탈해 이사금

돌을 녹여
쇠를 뽑아
담금질로 벼리면

쟁기가 생겨나고
칼과 창은 강해졌다

모래 속
실리콘으로
반도체를 만들듯이.


\* 이 시대의 발달된 각종 철기제품은 오늘날의 반도체와 같은 첨단상품이었을 것이다.

* 4대 탈해脫解 이사금尼師今 (재위 57년~ 80년)

- 8년(남해 5년) 2대 남해차차웅의 장녀와 혼인함

〈학자들은 탈해를 야장(冶匠, 대장장이) 출신으로 발달한 철제무기와 철제도구로 어업이나 해상을 장악한 무장(武將)으로서 외부로부터 신라에 들어온 세력으로 보고 있다.〉

    10(남해 7) 대보大輔가 되어 나라의 정사를 처리함
    57(탈해 원년) 62세에 이사금으로 즉위함
    58(탈해 2) 호공瓠公을 대보로 임명하고 시조묘에 제사지냄
    59(탈해 3) 5월 왜국과 친교를 맺고 6월에 혜성이 나타남
    64(탈해 8) 12월 지진이 있었고 눈이 내리지 않았음
    65(탈해 9) 김씨의 시조 알지가 계림에서 태어남
    66(탈해 10) 백제가 와산성(보은)을 공격하여 점령함
    67(탈해 11) 나라를 주군州郡으로 나누어 주주州主와
            군주郡主를 두었음
    73(탈해 17) 왜인이 목출도를 침범하였음
    77(탈해 21) 아찬 길문이 황산진에서 가야 군사를 물리침
    80(탈해 24) 왕이 별세, 양정(경주 동천동)에 장사지냄.

〈탈해가 처음 상자에 담겨 신라 해안에 도착했을 때, 까치 한 마리가 울면서 따라 왔으니, 까치 작(鵲)자에서 새 조(鳥) 떼어내고 석(昔)으로 성(姓)을 삼는다고 하였다. 하지만 이것은 후일의 일일 것이다. 성은 24대 진흥왕 때 처음으로 사용되었기 때문이다. 김부식이 삼국사기를 엮으며 시조인 탈해 조에 넣은 것으로 추정된다.〉

## 소국小國
   — 5대 파사 이사금


크기는 차치하고
국가란 무엇인가?

두 팔 휘저으며 다닐 수 있는 나름의 땅에 씨 뿌려 거두고 적이 오면 막을 사람들과 이들을 아우르는 눈에 안 보이는 힘을 가진 주체가 있으면 나라가 되는 건가?

서로가 서로를 인정해주는
이웃도 필요하리.


* 한반도에는 작게는 6~700호戶에서 크게는 만여 호 규모의 소국 78개가 있었다.

\* 5대 파사婆娑 이사금尼師今 (재위 80년~112년)


- 80년(파사 원년) 탈해 사후 3대 유리의 태자 일성逸聖으로 하여금
                위를 잇고자 하였으나, 사람됨이 부족하다 하여
                동생 파사를 위에 올림
  82(파사 3) 농사와 양잠을 장려하고 군사 훈련을 강화함
  85(파사 6) 정월 백제가 변경을 침범함
  101(파사 22) 2월 월성月城을 쌓고 7월 월성으로 이주함
  102(파사 23) 음즙벌국音汁伐國(안강)을 정복하니 실직悉直(삼척),
             압독押督(경산)이 항복해 옴

〈이전부터 한반도에는 일찍이 자리 잡은 토착사회와 북방으로부터 밀려들어온 유이민 사회가 혼재되어 있었다. 중국 역사서 '삼국지 위지 동이전'에 의하면 지금의 경기, 충청, 전라지역인 마한(馬韓)에는 54국, 경상도 지역에는 진한(辰韓) 12국, 변한(弁韓) 12국 등, 총 78개의 소국이 있었다고 한다. 이들은 각기 산과 바다 사이에 자리 잡고 있었으며, 모두 자신의 백성과 땅을 가진 왕이 다스렸다. 큰 나라는 만여 호(戶) 작은 나라는 600-700호 정도였다. 소국들이 신라로 복속되면서 소국의 왕들은 간(干)이 되어 신라의 지배계급에 합류하였고, 나중에 관리들의 등급을 17관등으로 나눌 때 9등급인 급찬에서 1등급인 이벌찬에 이르는 간군(干群)계층을 형성하게 된다.〉


  106(파사 27) 왕이 압독에 순행하여 가난한 백성을 구제함.
  108(파사 29) 비지국比只國(창녕), 다벌국多伐國(대구),
             초팔국草八國(초계)를 정복하여 병합함.
  112(파사 33) 10월 왕이 별세, 사릉원(오릉)에 장사 지냄.

# 주다 酒多
― 6대 지마 이사금

세상이 단순하면
머릿속도 그러할까?

술 한 잔 얻어먹고 그냥 가기 멋쩍으니

주다酒多란
관등官等을 주며
가장 높다 하였다네.


* '주다'란 신라 17관등 중 제일 높은 1등급 각간角干의 별칭이다. 그 외 일벌간一伐干, 일벌간지一伐干支, 이벌찬伊伐飡, 각찬角粲, 서불한舒弗邯 등으로도 불렸다.

\* 6대 지마祗摩 이사금尼師今 (재위 112년~134년)

- 112년(지마 원년) 파사의 적자 지마가 보위에 오름

〈지마가 태자 시절 부친과 사냥을 갔다가 한기부에 들렀을 때, 술자리에서 이찬 허루(許婁)와 이찬 마제(摩帝)의 딸이 각각 춤을 추었다. 태자가 마제의 딸을 아내로 맞이하자, 허루에게는 잔치에 대한 보답으로 '주다(酒多, 술이 많음)'라는 이름의 관등을 만들어 주며, 이찬(2등급)보다 더 높다 하였다. 후일의 각간(角干, 1등급)이다.〉
〈유리이사금 9년(서기 32년)에 설치하였다는 17관등은 다음과 같다. 1등급 이벌찬 2. 이척찬 3. 잡찬 4. 파진찬 5. 대아찬 6. 아찬 7. 일길찬 8. 사찬 9. 급벌찬 10. 대나마 11. 나마 12. 대사 13. 소사 14. 길사 15. 대오 16. 소오 17등급 조위.〉

〈하지만 신라의 초기에는 12관등이었다가, 법흥왕 7년(520년) 율령반포 시에 3, 5, 10, 12, 15등급 5개가 추가되어 17관등이 되었다는 것이 학계의 통설이다. 또한 삼국사기에는 일관되게 관등을 '척간(尺干)'의 준말인 '찬(湌)'을 사용 'ㅇㅇ찬'으로 표시되고 있으나, 신라 중기에 제작된 금석문에는 그렇지가 않다. 예를 들어 2등급인 이찬(伊湌)의 경우 이간지(伊干支), 일척간(一尺干), 이간(伊干)등으로 표기되어 있다. 후일 중국문화가 들어오면서 토속적이었던 관등 이름이 중국식으로 바뀌었을 것이다.〉

  115(지마 4) 2월 가야가 남쪽 변경을 약탈함
  121(지마 10) 4월 왜인이 동쪽 변경을 침범하였음
  128(지마 17) 8월 장성長星(혜성)이 하늘 끝까지 뻗쳤음
  134(지마 23) 8월 왕이 별세, 지금의 배동에 장사지냄.

## 정사당 政事堂
　　― 7대 일성 이사금


아이구! 간지干支님들! 내 말 좀 들어 보소!
나라가 생기고서 이백년쯤 되었으면
모여서 일하는 방 하나 있어야 하지 않겠소?

내 일이 나랏일이고 나랏일이 내 일인데
아무 데서나 무시로 처결하면 될 일을
날 잡아 줄레줄레 모여 무얼 한단 말이요?

아랫것들 보는데 모양새도 있는 거지―
번듯하게 차려입고 행차行次하고 그럽시다
궁궐의 빈자리에다 청사廳舍 하나 지읍시다.


* 간지 : 신라를 구성했던 6부 수장들의 호칭으로 이들은 왕과 비슷한 힘을 가졌었다.

* 7대 일성逸聖 이사금尼師今 (재위 134년~154년)

- 134년(일성 원년) 8월 3대 유리의 장자로 위에 오름
   135(일성 2) 정월 시조묘에 제사 지냄
   138(일성 5) 2월 금성에 정사당政事堂을 설치하였음
   144(일성 11) '제방을 수리하고 밭과 들을 개간하라'
                '민간에서 금 · 은 · 주옥의 사용을 금하라'는 명을 내림
   146(일성 13) 10월 압독이 반란을 일으키자 평정하고
                남은 무리들을 남쪽으로 이주시킴
   147(일성 14) 7월 신하들에게 장수의 재목을 천거토록 함
   148(일성 15) 박아도를 갈문왕葛文王에 봉함

〈김부식에 의하면 '신라에서는 추봉한 왕을 모두 갈문왕이라고 부르는데, 그 의미는 확실하지 않다.'고 하였다.〉

〈갈문왕이란 호칭은 애초부터 신라어(新羅語)로 구전되어 오던 것이 한자로 기록되면서 음이 바뀌었을 것이고, 뜻은 생략되었을 것이다. 갈문왕도 시대에 따라 바뀌었다. 박씨 왕 시대에는 왕비의 아버지가, 석씨 왕 시대에는 왕의 아버지나 외할아버지가, 눌지마립간 이후 김씨 왕위의 세습권이 확립된 이후에는 왕의 동생이 주로 갈문왕이 되었다. 특히 지증왕 대 및 그 이후에 제작된 각종 금석문에 의하면 왕은 훼부(喙部), 왕의 동생인 갈문왕은 사훼부(沙喙部) 소속으로 나타난다. 왕의 형제들이 신라 6부중 가장 큰 두 부(部)를 장악하며, 신라 권력의 중심에 있었던 것으로 추정된다.〉

   154(일성 21) 2월 왕이 별세, 지금의 탑동에 장사지냄.

# 하늘 길
　　― 8대 아달라 이사금

말은 달려야 하고
병졸은 뛰어야한다
군량軍糧 실은 수레는 끊임없이 굴러야한다
나라의
힘은 길을 따라
커지고 또 지켜진다.

빨리 가고 속히 오려면
곧게 뻗어야 하리라
강은 건너야 하고 산은 넘어야 하리라
북녘의
태산준령엔
하늘 길을 뚫으라.


\* 하늘 길 : 신라의 북쪽에 가로놓인 소백산맥을 넘어가는 계립령로雞立嶺路
와 죽령로竹嶺路를 이르는 저자의 조어造語이다.

* 8대 아달라阿達羅 이사금尼師今 (재위 154년~184년)


- 154년(아달라 원년) 일성의 장자로 위에 오름
  156(아달라 3) 4월 계립령로雞立嶺路가 개통됨

〈계립령은 문경에서 충주로 넘어가는 오늘날의 하늘재다. 신라가 고구려, 백제와의 교류를 위해서는 꼭 필요한 교통로로 학계에서는 5세기경에 완성되었을 것으로 추정하고 있다. 경주에서 출발하여 영천-〉경산-〉대구-〉칠곡-〉선산-〉상주-〉문경-〉계립령-〉충주로 이동하였을 것이다.〉

  157(아달라 4) 감물甘勿(밀양), 마산馬山(청도)에 현을 설치함
  158(아달라 5) 3월 죽령竹嶺이 개통되었음

〈죽령은 영주 풍기에서 단양으로 넘어가는 고개다. 5세기 후반 소지마립간 시절에 죽령로의 개척이 완료된 것으로 보고 있다. 경주-〉영천-〉의성-〉안동-〉풍기-〉죽령-〉단양으로 이동하였을 것이다.〉

〈이외 또 다른 교통로는 상주에서 충북 보은으로 가는 추풍령로다. 신라의 한강유역 차지와 중국과의 교역로 확보에 가장 중요한 길이다. 자비왕 13년(470년) 보은의 삼년산성을 축성한 걸로 봐서 5세기 후반에 완비되었을 것으로 추정된다. 예상 경로는 경주-〉영천-〉경산-〉대구-〉칠곡-〉선산-〉상주-〉추풍령(화령지방)-〉충북보은이었을 것이다.〉

  165(아달라 12) 10월 아찬 길선이 반역을 도모하다 발각, 처형을
                두려워하여 백제로 도망감
  184(아달라 31) 3월 왕이 별세, 배리 삼릉에 장사지냄.

# 토픽Topic
— 9대 벌휴 이사금

가끔 TV 뉴스에서
여러 쌍둥일 낳았다더니

신라 땅 한기부漢祇部에서도
아들 넷에 딸 하나를!

요즈음 토픽거리가
그 시절엔 역사책에….


* 삼국사기 신라본기 벌휴이사금 10년(193년) 3월 한기부 여인이 한 번에 아들 넷과 딸 하나를 낳았다.

\* 9대 벌휴伐休 니사금尼師今 (재위 184년~196년)


- 184년(벌휴 원년) 아달라 후사 없이 별세하여 국인國人들이
              석탈해의 손자 벌휴를 이사금으로 세움

〈석탈해가 서기 80년에 사망하고 손자 벌휴가 184년에 이사금이 되니, 그 시차가 무려 104년이다. 다른 몇몇 기록과 함께 삼국사기의 초기 기록에 의문을 제기하는 단초가 되는 부분이다. 학자들은 삼국의 건국 순서를 삼국사기와는 달리 고구려, 백제, 신라의 순으로, 일부에서는 신라의 건국시기도 삼국사기의 기록보다 250~300년 뒤인 3세기 초로 추정한다. 삼국을 통일한 신라가 자신들의 정통성을 확보하기 위해 건국시기를 앞당긴 것으로 보는 것이다.〉

   185(벌휴 2) 2월 소문국召文國(의성)을 정벌함
              군주軍主라는 명칭을 처음 사용함

〈여기서의 군주는 중앙관으로서 유사시 군대의 통솔자를 말하고, 지증왕 6년(505년) 이사부에게 준 군주(軍主)라는 직책은 지방 행정조직인 주(州)의 최고책임자를 이른다.〉

   186(벌휴 3) 정월 왕이 주와 군을 순행하여 민정을 시찰함
   187(벌휴 4) 3월 농사철에 토목 공사를 하지 말도록 명함
   188(벌휴 5) 2월 백제가 모산성(진천)을 공격해옴
   190(벌휴 7) 백제가 원산향(예천)과 부곡성(군위)를 공격함
   193(벌휴 10) 3월 한기부 여인이 한번에 4남1녀를 낳음
              6월 왜인 천여 명이 식량을 구하러 옴
   196(벌휴 13) 4월 궁 남쪽 큰 나무와 금성 동문에 벼락이 쳤고
              왕이 돌아가심.

# II. 상대上代 · 2
(10대 내해이사금 ~ 18대 실성이사금)

# 부활復活
— 10대 내해 이사금

유대 사람 예수[Jesus]는 사흘 만에 부활했는데

신라 사람 아무개는 한 달 만에 살아났다

하늘도
자리가 덜 잡혀
두서가 없었던 갑다.


* 예수는 AD 30년경에 죽은 지 3일 만에 부활했다고 한다.
* 삼국사기 내해이사금 27년(AD 222년) 4월 남신현南新縣에서는 사람이 죽었다가 다음 달에 다시 살아났다.

* 10대 내해奈解 이사금尼師今(재위 196년~230년)


- 196년(내해 원년) 벌휴의 태자 골정骨正과 2자 이매伊買가 먼저 죽고
  장손이 어렸음으로 이매의 아들 내해가 뒤를 이었음

〈삼국사기를 읽다 보면 국인(國人, 나라사람)이란 말이 종종 나온다. 여기서의 국인은 우리가 생각하는 백성들과는 다르다. 신라에서는 지배층만이 신라의 '국인'이었다.〉

〈신라의 지배층에는 두 부류가 있었다. 하나는 애초부터 각자의 영토와 백성을 가졌던 간지(干支)들과 그 후손들이다. 이들 '간(干)'층이 '골(骨)'족이다. 다른 하나는 '간'들의 신하들과 그 후손인 '품(品)'층으로 곧 '품(品)'족이다. 이 골족과 품족이 신라사회의 근간을 이룬 '골품제도'를 구성하는 것이다.
골품을 가진 지배층은 신라 어디에 거주하던 '국인'이었고, '왕경인(王京人)'이었다. 이들은 신라 6부를 구성하면서 국가의 중대사를 논의하고 결정하였다. 골품이 없는 사람은 그냥 사람이었다.〉

　201(내해 6) 2월 가야국이 화친을 청해 옴
　203(내해 8) 말갈이 국경을 침범하였고 전염병이 돌았음
　208(내해 13) 4월 왜인이 변경을 침범함
　212(내해 17) 3월 가야가 왕자를 인질로 보내왔음
　214(내해 19) 7월 백제가 요거성腰車城(상주)를 공격해 옴
　218(내해 23) 백제가 장산성獐山城을 포위하여 격퇴함
　222(내해 27) 남신현 사람이 죽었다가 다음 달에 살아남
　230(내해 35) 3월 왕이 별세하였음.

# 순장殉葬
― 11대 조분 이사금


두고 가기에는
너무나 아까웠을까

나 없는 세상 살아갈
연놈들이 미웠을까

너 너 너
이리 오너라
함께 가자
먼 길을….


\* 삼국사기 지증마립간 3년(서기 502년) 3월에 왕은 순장을 금지하라고 명령하였다. 이는 소지마립간이 돌아가자 남녀 각각 5명씩을 순장하였기 때문에 이를 금지한 것이다.

\* 11대 조분助賁 이사금尼師今(재위 230년~247년)

- 230년(조분 원년) 9대 벌휴의 태자였던 골정의 아들이자
                   10대 내해의 사위인 조분이 위를 이음

〈소지마립간이 사망했을 때 순장을 한 것으로 봐서, 그 전에도 순장은 계속 있어 왔을 것이다.〉

〈순장에 대한 증거가 발견되었다. 2009년 11월. 경남 창녕 송현동 15호 고분에서 출토된, 1500년 전 주인을 따라 순장되었던 가야(伽倻) 소녀의 모습이 첨단과학을 통해 생생한 모습으로 되살아난 일이 있었다.〉

  231(조분 2) 감문국甘文國(김천)을 토벌, 군郡으로 만듦
  232(조분 3) 4월 왜인이 쳐들어와 금성을 포위하자
                   왕이 나아가 싸워 적 천여 명을 죽임
  235(조분 6) 정월 왕이 동쪽으로 순행하여 백성을 위문함
  236(조분 7) 2월 골벌국骨伐國(영천) 왕이 항복해와 왕은 그들에게
                   집과 밭을 주어 편안히 살게 하고
                   그 땅을 군으로 만들었음
  240(조분 11) 백제가 서쪽 변경을 침범함
  242(조분 13) 가을에 큰 풍년이 들었고 고타군古陁郡(안동)에서
                   가화嘉禾(낟알이 많이 달린 벼)를 진상함
  244(조분 15) 정월 이찬 우로를 서불한舒弗邯에 임명함
  245(조분 16) 10월 고구려가 북쪽 변경을 침범해 옴
  246(조분 17) 11월 서울에 지진이 있었음
  247(조분 18) 5월 왕이 별세하였음.

## 모계사회 母系社會
— 12대 첨해 이사금


남자
여자
어린 것들
한 동굴洞窟에 북적댈 적

아이들은 자연스레 낳은 이가 임자였다

사내는
그저 지나가는
여우비
였더란다.

\* 12대 첨해沾解 이사금尼師今(재위 247년~261년)


- 247년(첨해 원년) 조분의 동복아우同母弟 첨해가 위에 오름
            7월 부친 골정을 세신 갈문왕으로 봉함

〈김부식 논왈(論曰) : 신라에서 왕통을 이은 임금이 자신의 생부를 왕으로 추봉하는 것은 옳은 일이나, 자신의 장인까지 왕으로 봉한 일은 예에 맞지 않으므로 법도로 삼아서는 안 될 것이다.〉

〈삼국사기에는 동모제(同母弟)라는 말이 자주 나온다. 우리가 통상 동생은 그냥 동생이라 한다. 어머니가 다른 동생은 이복동생이다. 굳이 동모제라 한 것은 혹시 아버지가 다르다는 뜻이 아니었을까? 왕의 어머니에게 둘 이상의 남편이 있었다면 이건 무슨 의미일까?
위작논쟁이 있는 『화랑세기』 필사본에 의하면 신라시대에는 '진골 정통'과 '대원 신통'이라는 왕비를 배출하는 혼인 계통이 있었다. 이 두 계통은 철저하게 모계로 그 인통(姻統)을 이어오며 대대로 왕비를 배출해 왔다. 이들은 정략적으로 또는 필요에 따라 남자를 바꾸며 생활했고, 이들이 낳은 자녀들 역시 이들과 같은 지위를 누렸다.
신라사회는 원시 모계사회의 흔적이 많이 남아있었던 사회였을 것이라고 필자는 생각한다.〉

  249(첨해 3) 7월 남당南堂을 대궐 남쪽에 지었음

〈남당은 신라의 정청(政廳)이다. 화백회의(和白會議)등의 국사를 처리하던 곳으로 월성(月城) 동남쪽 끝부분에 있었던 것으로 추정된다.〉


  259(첨해 13) 가뭄으로 흉년이 들어 도둑이 많았음
  260(첨해 14) 7월 혜성이 동쪽에 나타나 25일 만에 사라짐
  261(첨해 15) 12월 28일 갑자기 병이 나서 왕이 별세함.

## 신화神話
  — 13대 미추 이사금


옛날 옛적
시림始林에서
흰 닭이 울더란다

가지에 걸린
금궤金櫃에서
사내아이 나왔단다

알지閼智라
이름 지으니
김씨의 시조始祖란다.


* 시림(始林)은 경주에 있는 계림(鷄林)이다.

* 13대 미추味鄒 이사금尼師今(재위 262년~284년)


- 262년(미추 원년) 첨해가 아들이 없어 국인國人들이
　　　　　　　11대 조분의 사위인 미추를 옹립하니
　　　　　　　처음으로 김씨가 임금이 되었음

〈탈해이사금 9년(서기 65) 3월 어느 밤에 금성 서쪽 시림(始林)에서 닭 우는 소리가 들렸다. 새벽에 호공(瓠公)이 가보니 나뭇가지에 금빛 나는 작은 상자가 걸려 있었고, 그 아래서 흰 닭이 울고 있었다. 상자를 열어보니 그 속에는 어린 사내아이가 들어 있었다. 왕이 기뻐하며 아들 삼아 길렀다. 그의 이름을 알지(閼智)라고 하였고, 금빛 상자에서 나왔기에 성을 김(金)씨라고 하였다. 미추이사금의 계보는 알지 -〉세한(勢漢) -〉아도(阿道) -〉수류(首留) -〉욱보(郁甫) -〉구도(仇道) -〉미추(味鄒)이다.〉

　　263(미추 2) 국조묘國祖廟에 제사 지내고 죄수를 사면함
　　　　　　　죽은 아버지 구도를 갈문왕에 봉함
　　264(미추 3) 2월 동쪽 지방을 순행하여 바다에 제사 지냄
　　272(미추 11) 2월 농사에 해가 되는 일은 모두 없애라고 함
　　　　　　　11월 백제가 변경을 침범함
　　276(미추 15) 2월 신하들이 궁궐을 다시 짓자 하였으나 백성들에게
　　　　　　　노역을 시키는 것은 중대사라고 여겨
　　　　　　　이에 따르지 않았음
　　281(미추 20) 9월 양산楊山(남산) 서쪽에서 군사를 사열함
　　284(미추 23) 10월 왕이 별세. 대릉大陵(황남동 대릉원)에 장사 지냄.

# 구전口傳
  — 14대 유례 이사금



큰비로 흘러내린 궁궐을 고친다며
높은 분들 하루 종일 옥신각신 했었는데

이튿날 아침 하인들은
창을 들고 모였더라.


\* 글자가 없던 시대이다. 모든 것을 머리로 기억하고 말로 전달했을 것이다. 내물이사금 26년(381년) 중국 5호16국의 하나인 전진前秦(존립기간 351~394)에 토산물을 바치며 조공을 하였는데, 신라인들은 이때 중국문화와 한자漢字를 처음 접촉했을 것으로 추정된다.

* 14대 유례儒禮 이사금尼師今(재위 284년~298년)


- 284년(유례 원년) 11대 조분의 장자 유례가 위에 오름
  287(유례 4) 4월 왜인이 일례군-禮郡을 습격하여
            불을 지르고 1천 명을 잡아감
  290(유례 7) 5월 홍수가 나서 월성이 무너졌음
  293(유례 10) 2월 사도성을 개축하고 사벌주沙伐州(상주)의
            호민豪民 80여 호를 옮겨 살도록 함
  295(유례 12) 왕이 신하에게 "백제와 함께 왜국을 치면 어떤가?" 물었다. 서불한舒弗邯 홍권이 "우리는 수전水戰에 약할 뿐만 아니라 항상 우리를 노리는 백제와 일을 도모함이 옳지 않다."고 답하니, 왕이 "옳다." 하였다
  297(유례 14) 이서국伊西國(청도)이 금성을 공격해 와서 아군이 고전하고 있을 때 댓잎竹葉을 귀에 꽂은 병사들이 나타나 적을 물리치고 사라졌는데, 나중에 보니 댓잎 수 만장이 죽장릉竹長陵(미추왕릉)에 쌓여있었다 하여 백성들은 "선왕께서 음병陰兵을 보내 전쟁을 도왔다."하였다
  298(유례 15) 12월 이사금이 별세함(王薨).

〈삼국사기에서는 왕의 죽음을 훙(薨)이라고 쓰고 있다. 이는 예기(禮記) 곡례(曲禮)편에 천자(天子)의 죽음은 붕(崩)이요, 제후(諸侯)의 죽음은 훙(薨), 대부(大夫)는 졸(卒), 선비(士)는 불록(不祿), 서인(庶人)은 죽음은 사(死)라고 한 것에 따른 것이다.〉

# 태백산太白山
― 15대 기림 이사금

태백太白이란
영산靈山에는
그 누가 머물길래

마루에 단壇을 쌓고 그토록 빌어댈까?

그 세월
이천년이다

앞으로는 또 얼마나….


* 기림이사금이 망제望祭를 올렸다는 태백산 정상에는 지금도 하늘에 제사 지내는 천제단天祭壇이 있다.

* 15대 기림基臨 이사금尼師今(재위 298년~310년)


- 298년(기림 원년) 11대 조분의 손자 기림이 즉위함
                  아버지는 이찬 걸숙乞淑이다
  300(기림 3) 2월 비열홀比列忽(함경도 안변)에 순행하여
                  고령자와 빈민자들에게 곡식을 하사함
                  3월 우두주牛頭州(춘천)에 이르러
                  태백산太白山에 망제望祭를 올림

〈이 시대에 신라가 비열홀까지 영토를 확장했을까 하는 의문에는 두 가지로 답이 가능하다. 첫째는 '역사 소급'이다. 후대에 역사를 정리하면서 나중에 있었던 사실을 앞당겨 기록한 것이다. 둘째는 실제로 신라가 관리했을 가능성이다. 이 지역에는 동예(東濊)가 있다가 고구려로 편입된 지역이다. 하지만 동쪽에 치우쳐있는 지역의 특성에 따라 고구려가 간접적인 지배방식을 취했다. 즉 읍락 내의 일은 족장으로 하여금 자치적으로 영위하게 하고, 족장을 통해 공납을 징수하는 형태였다. 따라서 동해안을 따라 이 지역에 접근하기가 용이했던 신라가 자신의 영토로 편입하였기 보다는 고구려의 관리가 느슨한 틈을 이용 가끔 관심을 가지는 정도는 가능했을 것이다. 더욱이 3~4세기 한반도에서의 고구려, 백제, 신라 삼국간의 영토 경계는 요즘 우리가 생각하는 것처럼 엄격하지도 않았을 것이다.〉

  304(기림 7) 9월 서울에 지진이 발생하여 민가가 무너지고
                  사망자가 발생함
  310(기림 13) 5월 왕의 병환이 깊어져 죄수들을 석방함
                  6월 이사금이 별세함.

## 착오錯誤?
### — 16대 흘해 이사금

붓으로
한 획
한 획
옮겨 쓰다 헷갈렸나?

인터넷도 없던 시절
사료史料 찾다 지쳤을까?

백제 땅
김제 벽골제碧骨堤를
신라에서 쌓았다고….

\* 16대 흘해訖解 이사금尼師今(재위 310년~356년)

- 310년(흘해 원년) 10대 내해의 손자 흘해가 위에 올랐음
  그의 아버지는 우로于老 각간임
  312(흘해 3) 3월 왜국 왕이 사신을 보내 자기 아들의 배우자를
  요청하자, 아찬 급리의 딸을 보냄
  330(흘해 21) 처음으로 벽골지에 물을 대기 시작하였는데 둑의 길이가
  1천 8백 보였음

〈벽골제가 있는 전북 김제는 이 당시 백제 땅이었다. 따라서 서기 330년에 해당하는 백제 11대 비류왕 27년에 기록되는 것이 옳을 것이다. 보(步)는 길이를 재는 단위로 6자(1.8m)에 해당한다.〉

〈일반적으로 고대 사서(史書)의 오류 사유는, ① 지은이가 자신의 착각이나 원서의 자체(字體) 불량 등으로 참고한 책의 원문을 잘못 읽은 경우 ② 원본을 육필(肉筆)로 전사(轉寫)하는 과정에서의 오탈자 발생 ③ 원서의 반복적인 사용에 따른 책의 마모 즉 조악한 종이의 일부가 떨어져나가면서 거기에 적혔던 글자가 없어지는 것 ④ 당(唐)대 이후에는 목판인쇄를 위한 목판을 판각할 때 판각자(板刻者)의 실수 등이 있을 것이다.〉

  337(흘해 28) 2월 사신을 보내 백제를 예방함
  344(흘해 35) 2월 왜국이 사신을 보내 청혼하였으나 딸이
  이미 출가하였다는 이유로 거절함
  345(흘해 36) 2월 왜왕이 절교한다는 글을 보내옴
  350(흘해 41) 4월 큰 비가 열흘 동안 내렸음
  356(흘해 47) 4월 왕이 별세하였음.

## 근친혼近親婚
　　― 17대 내물 이사금


애초에 세상에는 암컷 수컷이 살았더라

정신이 좀 들고서야 남자 여자가 되었더라

그리고 아주 나중에 촌수寸數란 게 생겼더라.


* 신라는 물론 고려시대까지도 근친혼은 통상적인 혼인의 형태였다.

* 17대 내물奈勿 이사금尼師今(재위 356년~402년)


- 356년(내물 원년) 13대 미추의 조카 내물이 뒤를 이음
            성은 김씨이고, 비妃는 미추의 딸임

〈김부식 논왈(論曰) : 신라에서는 같은 성(姓)씨끼리 혼인하는 것은 물론 형제의 아들이나, 고종 또는 이종 누이들까지도 아내로 삼았다. 비록 외국과 우리나라의 풍속이 다르다지만, 중국의 예법을 기준으로 따지자면 이는 대단히 잘못된 일이다. 흉노(匈奴)들이 모자간에 상통하는 것은 이보다도 더욱 심한 경우이다.〉

〈신라의 왕족들은 근친혼을 많이 했다. 특히 내물왕의 후손들은 그들 스스로를 진골(眞骨)이라 칭하며, 다른 귀족들과 자신들을 구분하기 위하여 근친혼을 주로 했다. 성골(聖骨)이었던 왕의 자제들은 자기들끼리 혼인을 하며 신분을 유지하였다. 기록이 남아있지 않아서 그렇지 일반 백성들도 근친혼을 많이 했을 것으로 추정된다.〉

   373(내물 18) 백제 독산성주禿山城主가 백성 3백 명을 이끌고 투항하여
            옴에 따라 이들을 6부에 나누어 살게 하였음
   381(내물 26) 위두衛頭를 전진前秦에 보내 토산물을 바쳤음

〈반도의 동남쪽에 치우쳐있던 신라로서는 독자적으로 전진(前秦)과 접촉할 방도가 없었기에 고구려의 도움을 받았을 것으로 추정된다. 이때 신라가 한자라는 문자를 처음 접촉하였을 것이다.〉

   392(내물 37) 4촌 동생 실성實聖을 고구려에 인질로 보냄
   401(내물 46) 7월 고구려에 인질로 가 있던 실성이 돌아옴
   402(내물 47) 2월 별세, 첨성대 서남쪽(교동)에 장사지냄.

# 보복報復
— 18대 실성 이사금

하늘은 편애하지 않고
늘 선인善人의 편이거늘

밑동을 잘라내고
뿌리마저 뽑겠다고?

아서라
네가 뿌린 피로
네 몸을 적시리라.


* 노자老子 79장 임계任契 '하늘은 누구를 편애하지 않고, 항상 착한 사람의 편을 든다(天道無親 常與善人).'

* 18대 실성實聖 이사금尼師今(재위 402년~417년)

- 402년(실성 원년) 내물의 아들이 어려 국인들이 미추 동생
　　　　　이찬 대서지의 아들 실성을 추대함.

〈강국이었던 고구려의 요청에 따라 내물은 4촌 동생 실성을 인질로 보냈다. 10년 동안 그곳에 머물면서 고구려의 신임을 얻은 실성이 고구려의 힘을 빌려 등극하였을 것이라는 설이 유력하다.〉

　402(실성 원년) 3월 왜국과 우호 관계를 맺고, 내물 아들
　　　　　　미사흔未斯欣을 인질로 보냄
　405(실성 4) 4월 왜병이 명활성明活城(경주)을 공격했다
　　　　　　철수할 때 추격하여 적 3백을 죽임
　408(실성 7) 2월 대마도의 왜인을 정벌하고자 하였으나
　　　　　　서불한 미사품未斯品이 말려 그만둠
　412(실성 11) 내물 아들 복호卜好를 고구려에 인질로 보냄
　417(실성 16) 5월 19대 눌지에게 살해당함.

〈보위에 오른 실성은 자신을 고구려에 인질로 보냈던 내물에게 원한을 품었다. 하여 내물의 두 아들을 왜국과 고구려로 인질로 보냈다. 그리고 그의 맏아들인 눌지 마저 죽여서 보복을 하고자하였다. 그는 자신이 고구려에 인질로 있었을 때 알았던 사람을 불러와 '눌지를 보거든 죽이라'고 부탁한 다음, 눌지에게 고구려로 가라고 명했다. 하지만 눌지를 만난 고구려인이 눌지의 인품에 반하여 '실성이 당신을 죽이라고 하였다'는 사실을 알려주고 돌아가 버렸다. 눌지가 신라로 돌아와 실성을 죽이고 스스로 위에 올랐다.〉

# III. 상대上代 · 3
(19대 눌지 마립간 ~ 28대 진덕여왕)

# 마립간麻立干
### — 19대 눌지 마립간

마립麻立이란
말뚝[橛]으로
자리를 정함이다[諴操]

왕 말뚝을 중심으로
신하 말뚝 줄 세우니

경복궁
근정전 앞뜰
품계석品階石의 시초始初일까?

* 삼국사기 눌지마립간 원년『김대문이 말하기를 '마립'은 방언으로는 '말뚝'인데, 말뚝은 곧 함조諴操를 뜻하니 이는 직위에 따라 놓는 것이다. 즉 왕의 말뚝이 중심이 되고, 신하의 말뚝은 그 아래에 나열하는 것이다. 이를 빌어와 왕의 명칭으로 삼았다.』

\* 19대 눌지訥祗 마립간麻立干(재위 417년~458년)

- 417년(눌지 원년) 17대 내물 아들 눌지가 마립간에 오름

〈마립간이란 '우뚝 솟은 간' 즉 최고의 우두머리란 뜻이다. 여타 세력을 제거하고 등장한 김씨계(金氏系)가 이제 더 이상의 맞수는 없다는 것을 표현한 것이라 볼 수 있다.〉

〈마립간의 칭호는 삼국유사에는 17대 내물, 삼국사기에는 19대 눌지 때부터 사용하고 있다. 하지만 414년(고구려 장수왕 2년, 신라 18대 실성 13년)에 세워진 광개토대왕 비에 신라왕의 호칭을 매금(寐錦=마립간의 준말)이라 쓰고 있어, 내물 시절부터 마립간 호칭을 사용한 것으로 보는 것이 학계의 정설이다.〉

  418(눌지 2) 인질로 갔던 왕의 아우 복호가 고구려로부터
        미사흔이 왜국으로부터 돌아옴
  423(눌지 7) 4월 남당에서 노인들을 대접하였음
  429(눌지 13) 새로 시제矢堤(저수지 명칭)를 쌓았는데
        둑의 길이가 2170보步였음
  433(눌지 17) 7월 백제의 화친 요청에 응함

〈고구려의 장수왕(長壽王)은 427년에 평양으로 천도하고 남진정책을 추진하였다. 이에 위협을 느낀 신라와 백제는 신라 눌지마립간 17년(433년, 백제 비유왕 7년, 고구려 장수왕 21년)에 나제동맹을 결성 고구려의 남침에 대처하였다. 이 동맹은 진흥왕 15년(554년) 신라와의 전투에서 백제 성왕이 전사함으로서 끝난다.〉

  438(눌지 22)백성들에게 우차牛車 만드는 법을 가르침
  458(눌지 42) 8월 별세하였음.

# 마을이름
— 20대 자비 마립간

"우물가 머리 큰놈이 아들을 낳았다네!"

"우물가? 어느 우물?
개울 가?
언덕 아래?"

"종내기 자꾸 늘어나니 언놈이 언놈인지…."

* 삼국사기 자비마립간 12년(469년) 정월, 서울[京都] 방과 리[坊里]의 이름을 정하였다.

* 20대 자비慈悲 마립간麻立干(재위 458년~479년)


- 458년(자비 원년) 눌지의 장자 자비가 위에 오름
                     모母는 김씨로 18대 실성왕의 딸임
  461(자비 4) 2월 서불한 미사흔의 딸을 비로 삼았음
                     (4촌 여동생과 혼인한 것임)
  467(자비 10) 봄에 유사에게 명하여 전함을 수리하였음
  469(자비 12) 서울[京都] 방과 리[坊里]의 이름을 정함.

〈경도(京都)란 지금의 경주지역이다. 여기는 당초 신라를 건국했던 사로6촌(斯盧六村)사람들이 살던 왕경(王京)이었다. 그 후 신라가 주위의 소국들을 정복하고, 피점령국의 지배층을 왕경으로 이주시켜 신라의 지배계층으로 편입시키면서 인구가 많이 증가하게 되었다. 이에 따라 사로6촌(村)을 왕경6부(部, 양부·사량부·모량부·본피부·한기부·습비부)로 전환하였는데, 그 시기는 17대 내물이사금 즈음으로 추정된다. 그리고 이때 6부 아래 방(坊)과 리(里)를 두었다는 것은 6부의 성격에 변화가 생겼다고 보는 견해가 다수다.〉

  470(자비 13) 삼년산성三年山城(보은)을 쌓음
                     (공사기간이 3년이라 삼년산성이라 함)
  474(자비 17) 7월 고구려 장수왕이 백제를 공격함
                     백제 개로왕이 신라에 구원을 요청함
                     신라가 파견한 구원병이 도착하기 전에
                     백제가 함락되고 개로왕이 죽임을 당함
  475(자비 18) 정월 왕이 명활성으로 이사하여 거주함
  479(자비 22) 2월 3일 별세하였음.

## 우역 郵驛
— 21대 소지 마립간


물자物資가 흐르듯이
정보情報도 흘러야한다

걸어가는 소식을 우郵
말[馬]로 뛰면 역驛이라던가!

삼거리 주막집에는
우체통도 있었을까?


* 삼국사기 소지마립간 9년(487년) 처음으로 사방에 우역을 설치하였다(始置四方郵驛).

\* 21대 소지炤知 마립간麻立干(재위 479년~500년)


- 479년(소지 원년) 자비의 장자 소지가 위에 오름
  죄수들에게 대사령을 내리고 모든 관리들의 벼슬을 한 급씩 올려 줌
  481(소지 3) 2월 비열성比列城(안변)에 행차하여 군사들을 위문하고 군복을 하사하였음
  486(소지 8) 장정 3천 명을 징발, 삼년산성을 개축함
  487(소지 9) 2월 시조 혁거세 탄생지인 나을奈乙(나정蘿井)에 신궁을 설치함
  3월 처음으로 사방에 우역郵驛을 설치하고 관도官道를 수리하게 함

〈도보로 체송(遞送)하는 것을 우(郵)라 하고, 기마(騎馬)로 체송하는 것을 역(驛)이라 한다. 체송이란 차례차례 여러 곳을 거쳐서 전하여 보낸다는 뜻이다. 즉 중앙과 지방 사이의 명령이나 문서, 물자 등을 중계하는 수단을 의미하며, 이는 부족연합 성격이던 신라가 중앙집권적인 국가로 전환되고 있음을 뜻한다. 이 시대의 우역은 오가는 관원들에게 교통수단과 숙식을 제공하였던 조선시대의 역참(驛站) 기능도 하였을 것이다.〉

  488(소지 10) 정월 왕이 월성으로 거주를 옮김
  490(소지 12) 3월 처음으로 시장을 열어 물자를 유통시킴
  493(소지 15) 3월 백제왕 모대牟大(동성왕)가 사신을 보내
  혼인을 청하여 이벌찬 비지比智의 딸을 보냄
  500(소지 22) 11월 별세하였음.

# 신라국왕 新羅國王
  — 22대 지증 마립간

1
한 나라에 살면서
나는 사라斯羅
너는 사로斯盧

수장首長이라 앉혀놓고 말뚝 말뚝 하질 않나…

나라가 선지 육백년
이게 무슨 꼬라지요?

2
날로 새로운 덕업으로[德業日新]
사방을 망라하는[網羅四方]

그런 나라 가진 자는 칭왕稱王 함이 마땅하리

촌티를 벗어 던지세!
좋을씨고 신라국왕!


* 왕을 지칭하는 마립간의 마립麻立이 신라 말로 '말뚝'이다.
* 지증 4년 국호를 '신라'로 마립간을 '왕'으로 개칭하였다.

* 22대 지증智證 마립간麻立干(재위 500년~514년)


- 500년(지증 원년) 소지의 6촌 동생 지증이 위에 오름
  502(지증 3) 3월 왕의 장례 시 순장殉葬을 금지하였음
  503(지증 4) 9월 25일 경북 영일에 냉수리비를 건립함

〈사서(史書)에는 나타나지 않지만, 근대 이래 발견된 이 시대의 비석들은, 후대에 작성된 사서와는 달리 그 시대의 실상을 그대로 보여주는 아주 중요한 사료이다. 9월 25일 건립된 냉수리비에는 국호를 사라(斯羅), 지증왕을 갈문왕으로 표시하고 있어, 다음 조(條)의 삼국사기 기록이 정확하다는 것을 입증하고 있다.〉

10월 국호를 '신라'로 마립간을 '왕'으로 개칭함

〈삼국사기에 의하면 신라의 국호는 박혁거세 원년(BC 57년)에는 서나벌(徐那伐), 탈해 9년(65년)에는 계림(鷄林), 기림이사금 10년(307년)에는 신라(新羅)로 하였다고 한다. 그리고 본 조(條)에서는 시조께서 나라를 세운 이래 나라의 이름을 정하지 않아 사라(斯羅), 사로(斯盧), 신라(新羅)라 부른다 하였다. 414년에 건립한 고구려의 광개토대왕 비에는 '신라', 앞의 냉수리비에는 '사라'라는 명칭이 사용되고 있는 것으로 볼 때 위의 기록은 사실일 것이다.〉

〈그런데 사라, 사로, 신라는 모두 같은 소리를 신라인들이 이두로 표현할 때 달리 표현해오던 것으로, 이를 지증왕 대에 신라로 확정시킨 것이다.〉

  509(지증 10) 정월 서울에 동시장[東市]을 설치하였음
  514(지증 15) 왕이 별세하여 시호를 지증智證이라 하였는데
           신라의 시호법이 이로부터 시작되었음.

# 흥법興法
― 23대 법흥왕

**왕**
부처의 자비慈悲란 걸 얻자는 게 아니외다
나 하나 잘 살자고 이러는 게 아니외다
들어도 보지도 못한 새 문물文物에 목이 타오.

**귀족들**
부처를 들여온다니 그 무슨 꿍꿍이요?
괜스레 벌집 쑤셔 생고생 하지 말고
지금껏 살아온 대로 그리 그리 사십시다!

**이차돈**
부처의 기적으로 소경을 눈뜨게 하리
미천한 이 한 목숨 쏘시개로 던지리라
죽어서 다시 살리라 불국佛國을 이루리라.

\* 23대 법흥왕法興王(재위 514년~540년)


- 514년(법흥 원년) 지증의 장남 법흥의 즉위함
  517(법흥 4) 4월 첫 중앙관서인 병부兵部를 설치함

〈종래 각 부(部)에서 독자적으로 관리하던 6부병(部兵)을 왕이 집중해서 관리하여 왕의 권력을 강화하려는 것이다.〉

  520(법흥 7) 율령을 반포하고 관리들의 관복을 제정함

〈율(律)은 죄에 대한 처벌을 정한 것이고, 령(令)은 무엇을 어찌하라는 규정이다. 이 율령 속에 17관등이 법제화되었을 것이다.〉

  527(법흥 14) 이차돈異次頓 순교와 이듬해 불교 공인

〈신라의 불교는 19대 눌지마립간 시절 고구려의 승려 묵호자(墨胡子)가 일선군(一善郡, 경북 선산) 모례(毛禮)의 집에 들어오면서 시작되었다. 지리적인 약점으로 인하여 고구려나 백제보다 국력이 약했던 신라를 발전시키려던 법흥왕은 불교의 교리 그 자체 보다는 불교가 가지고 올 부수효과에 주목하였다. 즉 불교와 함께 중원(中原, 중국)에서 들어올 발달된 신문명을 신라의 성장 동력으로 삼고자 하였다. 하지만 기존 토속신앙을 숭배하던 무당들과 귀족들의 반발이 거셌다. 강력해질 왕의 힘이 자신들의 기득권을 빼앗을 것으로 생각했기 때문이다. 법흥왕이 진퇴양난에 빠져있을 때 이차돈이 순교를 자청하였다. 22세(또는 26세)의 젊은 나이로 목이 잘렸을 때, 하얀 피가 솟아올라 모든 사람들로 하여금 불교를 경외하게 만들었다. 그 후광으로 법흥왕은 이듬해 불교를 국교로 공인할 수가 있었다.〉

  536(법흥 23) 처음으로 연호를 정하여 건원建元이라 함
  540(법흥 27) 7월 별세, 애공사 북봉(효현동)에 장사지냄.

# 대붕 大鵬
― 24대 진흥왕

1
구름 같은 날개로 삼천리 물결을 치며
구만리를 솟아올라 남쪽 바다를 향해
육 개월 날고서 쉬는 새를
대붕이라 하던가?

2
한수漢水 땅을 빼앗아
중국 가는 길을 열고

철없는 아이들을
화랑花郞으로 키워내니

한반도 통일을 위한
대붕의 날갯짓일세.


\* 대붕은 장자莊子 내편內篇 소요유逍遙遊에 나오는 큰 새다.
\* 한수漢水는 오늘날의 한강漢江이다.

\* 24대 진흥왕眞興王(재위 540년~576년)

- 540년(진흥 원년) 7세에 위에 올라 왕태후가 섭정하였음
  화랑도花郞徒를 설치함
  544(진흥 5) 2월 흥륜사興輪寺가 준공됨
  545(진흥 6) 대아찬 거칠부居柒夫에게 국사國史를 편찬케 함
  553(진흥 14) 백제의 동북변경을 쳐서 한강유역을 확보함

〈한강유역의 당항성(黨項城, 경기도 남양)은 한반도에서 중국 등주(登州, 산동반도)로 가는 해상교통로의 출발지였다. 신라는 당항성을 차지함으로서 백제나 고구려의 도움 없이 중국과 접촉할 수 있는 교통로를 확보, 중국의 선진문물을 직수입할 수 있게 되었다.〉

  554(진흥 15) 관산성(옥천)에서 백제 26대 성왕을 죽임
  555(진흥 16) 북한산을 순행하여 북한산순수비를 세움

〈이외에 왕 22년에 세운 창녕비, 왕 29년에 세운 마운령비와 황초령비 등, 4개의 순수비(巡狩碑)를 세웠다.〉

  565(진흥 26) 북제北齊에서 신라왕에게 중국의 관직을 줌

〈북제 무성황제(武成皇帝)가 '신라국왕 김진흥 위 사지절동이교위 낙랑군공 신라왕(新羅國王 金眞興 爲 使持節東夷校尉 樂浪郡公 新羅王)에 봉하였다.〉
〈신라왕을 김진흥이라 칭하였는 바, 신라인으로서 성(姓)을 사용한 최초의 기록이다. 따라서 3대 유리이사금 9년(서기 32년)에 성을 사용하였다는 것은 역사소급일 것으로 판단된다.〉

  566(진흥 27) 사신을 진陳에 보내고 황룡사가 준공됨
  576(진흥 37) 왕이 별세, 애공사 북쪽(서악동)에 장사지냄.

# 화백회의 和白會議
― 25대 진지왕


간지干支의 후예들이 열댓 명 둘러앉아
나라의 중대사를 다문다문 챙겼다네
애당초 여섯 촌장이 신라를 세웠듯이.

한명의 반대로도 결정은 유보되고
합의가 도출되면 과정은 불문이라니
대소가大小家 둘러앉아서 수의하듯 했나보다.

아무래도 힘센 사람 목소리가 컸으리라
눈치 없이 설치다가 옆구리도 찔렸으리
알고도 모르는 척하고 넘어도 갔으리라.

\* 25대 진지왕眞智王(재위 576년~579년)


- 576년(진지 원년) 진흥의 차남 사륜舍輪이 위에 올라
            이찬 거칠부를 상대등으로 임명함

〈진흥왕이 죽었을 때 왕위의 계승권자는 사망한 태자 동륜(銅輪)의 장자 백정(白淨)과 동륜의 동생 사륜(舍輪)이었다. 사륜은 원로대신 이찬 거칠부(居柒夫)의 지지를 받았고, 백정은 진흥왕비 사도부인의 동생 이찬 노리부(弩里夫)의 지지를 받았다. 하지만 조정에서 영향력이 컸던 거칠부가 백정이 어리다는 이유로 사륜을 왕위에 올렸다.〉

   577(진지 2) 10월 백제가 서쪽 변경을 침범하여 물리침
   578(진지 3) 7월 진陳에 사신을 보내 토산물을 바쳤고
               백제의 알야산성閼也山城(여산)을 점령함
   579(진지 4) 이찬 거칠부가 78세로 사망함
               7월 왕이 별세, 서악동에 장사지냄.

〈삼국유사에는 진지왕이 나라를 다스린 지 4년, 주색에 빠져 음란하고 정사가 어지러워 국인(國人)들이 폐위시켰다고 하였다.〉
〈위작논쟁이 있는 화랑세기 필사본에는 진지왕이 즉위 1년 만에 왕위에서 쫓겨나고, 3년간 유폐되었다가 죽었다고 한다.〉

〈하지만 사가들은 진지왕의 후견인이었던 거칠부가 사망하면서 백정파가 화백회의를 소집 진지왕을 폐위시키고, 태자 동륜의 장남 백정을 진평왕으로 즉위 시킨 것으로 보고 있다. 진평왕 즉위와 동시에 후견인이었던 노리부가 상대등이 된 것이 이를 방증한다 하겠다. 진지왕은 한동안 유폐되었다가 제거되었을 것이다.〉

# 부처 部處
— 26대 진평왕

땅과 백성을 가졌던
간지干支의 후손들이

나라 일의 한 분야를
담당하게 되는 거다

소국小國의 왕들이 대국大國의
봉급쟁이가 된 거다.


\* 법흥왕 때 설치된 병부兵部의 하나이던 중앙 행정부서가 진평왕 재위기간 동안 10개가 늘어났다. 신라가 중앙집권적인 왕정체제로 자리를 잡아가고 있었다.

* 26대 진평왕眞平王(재위 579년~632년)

- 579년(진평 원년) 백정白淨이 숙부를 제거하고 위에 오름
                이찬 노리부弩里夫를 상대등에 임명하고
                동생 백반伯飯과 국반國飯을 갈문왕에 봉함
  581(진평 3) 관리들의 인사를 담당하는 위화부位和府 설치함

〈부(部)내의 관료조직은 초기에는 부서의 장관인 영(令)과 실무자인 사(史)로 구성되었다. 후일 업무량 증가에 따라 단계적으로 중간계층의 직위가 생겨나, 신문왕 5년(685년) 영(令)-경(卿, 병부의 대감)-대사(大舍)-사지(舍知)-사(史)의 5단계 관료조직이 완성되었다.〉

  583(진평 5) 선박을 관리하는 선부船府 설치
  584(진평 6) 2월 연호를 건복建福으로 고쳤고
              3월 납세와 부역을 담당하는 조부調府
                  수레와 가마를 관리하는 승부乘府 설치함
  586(진평 8) 외교 관계 부서인 예부禮部 설치
  589(진평 11) 3월 원광圓光법사가 진陳에 가서 불법을 구함
  591(진평 13) 외국 사진 접대부서인 영객부領客府 설치
  594(진평 16) 수隋에서 "상개부낙랑군공신라왕"에 봉함
  603(진평 25) 고구려가 북한산성을 침범하였으나 격퇴함
  622(진평 44) 대궁, 사량궁, 양궁을 관리할 내성內省 설치
  624(진평 46) 국왕을 호위하는 시위부侍衛府
               관리들의 논공행상을 다루는 상사서賞賜署
               사찰을 관리하는 대도서大道署 설치
  632(진평 54) 정월 별세하여 한지漢只(보문동?)에 장사지냄.

# 여왕님
### - 27대 선덕여왕


모란꽃 그림 보고
향기 없다 알아내고
옥문곡玉門谷에 숨어있는
적병도 잡았지만
시커먼 남정네들 틈에서
고생 꽤나 하셨구나!


무시로 집적거리는
고구려와 백제하며
덮어놓고 열 냥이라
우겨대는 당唐 황제에
가시나 밑이 싫다며
막 대드는 신하하며….


* 덮어놓고 열 냥 : 내용도 잘 모르면서 마구 판단하는 것을 이르는 말이다.

\* 27대 선덕여왕善德女王(재위 632년~647년)

- 632년(선덕 원년) 진평 아들이 없어 국인들이 맏딸을 추대
〈보위에 오르기 전에 당(唐)에서 보낸 모란꽃 그림에 나비가 없는 것을 보고, 꽃에 향기가 없을 것이라는 것을 알아맞혔다.〉

  633(선덕 2) 8월 백제가 서쪽 변경을 침범하였음
  636(선덕 5) 〈개구리 떼가 대궐 서쪽 옥문지에 모인 것을 보고, 옥문곡(玉門谷)을 살피라 하여 숨어있던 백제군사 오백 명을 사살하였다.〉

  638(선덕 7) 고구려가 북쪽 칠중성(경기도 적성)을 침범함
  642(선덕 11) 7월 백제에게 서쪽 40여 성을 빼앗겼고
                8월 백제와 고구려가 당항성(남양)을 공격함
                    백제가 대야성(합천)을 공격하여 점령함
  643(선덕 12) 〈원병을 청하러 간 신라 사신에게 당 태종이 "여자가 임금이라 이웃나라로부터 경멸을 당하니, 내 친척을 한 명 보내 너의 왕으로 삼으면 어떠냐?"고 물었다.〉
  647(선덕 16) 1월 〈비담(毗曇)과 염종(廉宗)이 '여왕은 잘 다스릴 수 없다'며 반란을 도모했으나 실패하였다.〉

                1월 8일 별세, 낭산狼山(보문동)에 장사지냄.

〈김부식 논왈 : 사람의 원리로 말한다면, 남자는 존귀하고 여자는 비천한 것이다. 신라는 여자를 추대하여 왕위에 앉게 하였다. 이는 실로 어지러운 세상에나 있을 일이었으니, 나라가 망하지 않은 것이 다행이었다.〉

〈삼국유사에 의하면 선덕여왕 때 첨성대를 쌓았다고 한다.〉

## 마지막 성골聖骨
― 28대 진덕여왕

누구도 범접 못할 성스럽고 신성한 뼈!

남자는 씨가 마르고
달랑 하나 남은 여인

그나마
짝을 못 찾아
생속으로 늙어갔다.

\* 생속 : 구어口語에서 아이를 밴 적이 없는 처녀를 이르는 말이다.

* 28대 진덕여왕眞德女王(재위 647년~654년)


- 647년(진덕 원년) 하나 남은 성골인 진평왕의 모제母弟
　　　　　　　　국반國飯갈문왕의 딸이 위에 오름

〈진흥왕 6년(545년) 역사책인 국사(國史)를 편찬하면서 17대 내물이사금의 후손들은 스스로를 다른 귀족들과 구별하여 골(骨) 중에서도 '진정한 골'이라며 진골(眞骨)이라 규정하였다. 자신들과 박씨 및 석씨 왕족 일부만을 진골로 편입하여 5등급인 대아찬(代阿湌) 이상의 관등을 독점했다. 나머지 간(干)들에게는 9등급인 급찬(級湌)에서 6등급인 아찬(阿湌)까지의 관등을 주었다. 여기서 찬(湌)은 척간(尺干)의 준말로 '간(干)'의 자손이란 뜻이다. 즉 간의 자손으로 인정은 하지만 내물의 후손인 진골과는 격이 다르다는 것을 의미했다.〉

〈성골(聖骨)은 진골들이 자신의 지위를 높이기 위해 왕족을 더 높게 신성시함으로서 생긴 '신성한 골'이다. 성골은 신분이라기보다 '왕이 될 자격'을 정한 것으로 국왕과 왕위계승자를 일컫는 말이다.〉

　　649(진덕 3) 정월 처음으로 중국의 의관을 착용하였음
　　650(진덕 4) 현직에 있는 진골들에게 상아홀(笏)을 들게 함
　　　　　　　　처음으로 중국의 연호인 영휘永徽를 사용함
　　651(진덕 5) 처음으로 백관들의 신년하례를 받음
　　654(진덕 8) 3월 왕이 별세, 사량부(현곡면)에 장사지냄.

〈국인들은 시조 혁거세로부터 진덕여왕까지 28대 왕을 성골, 29대 무열왕으로부터 마지막 왕까지를 진골이라고 불렀다. 당나라 영호징(令狐澄)의 「신라기」에는 "그 나라에서는 왕족을 제 1골이라 부르고, 나머지 귀족을 제 2골이라고 불렀다."라고 기록되어 있다.〉

# IV. 중대中代
(29대 무열왕 ~ 36대 혜공왕)

## 아! 백제百濟
― 29대 무열왕


나당羅唐연합 18만 대군
김유신
화랑 관창官昌

옥사獄死한
충신 성충成忠
계백장군 오천 결사대

황산벌
검붉은 먼지
낙화암
삼천궁녀….

\* 29대 무열왕武烈王(재위 654년~661년)


- 654년(무열 원년) 25대 진지왕의 손자 춘추春秋가 즉위함

〈김유신의 큰 누이 보희(寶姬)가 서형산(西兄山)에 올라 눈 오줌이 온 나라를 덮는 꿈을 꾸었다. 이 꿈을 동생 문희(文姬)가 비단 치마를 주고 샀다. 유신과 함께 유신의 집에 왔던 춘추(春秋)가 문희와 눈이 맞아 결혼하니, 곧 왕비인 문명부인(文明夫人)이다.〉

  659(무열 6) 4월 백제를 치기 위해 당에 군사를 요청함
  660(무열 7) 3월 당 고종이 소정방에게 13만 군사로 신라의
              5만 군사를 지원, 백제를 치도록 함
         7월 9일 유신이 황산벌로 진군 계백과 대치함
              16세 화랑 관창의 희생으로 승전함
              백제 장군 계백은 전사함
         12일 나당 군사들이 소부리(부여)벌로 진격함
         18일 백제 의자왕이 태자와 함께 항복함
         29일 무열왕 소부리성(부여 사비성)에 도착함
        8월 2일 승전 축하연에서 당상堂上에 앉은 왕과 소정방이
              당하堂下에 앉은 의자왕에게 술을 따르게 하는
              모욕을 줌
         11월 논공 시 백제사람도 재능에 따라 등용함

〈삼국사기에 기록된 4대 탈해이사금 이래 총58회에 걸친 백제와의 국경분쟁이 끝이 났다. 이후 몇 차례 있은 백제의 부흥운동도 문무왕 3년(663년) 백강(白江, 금강)전투를 끝으로 마무리된다.〉

  661(무열 8) 6월 별세, 영경사 북쪽(서악동)에 장사 지냄.

# 통일統一
— 30대 문무왕

식은 밥 덩어리를 뭉치는 일이 아니다
흩어진 가솔들을 모으는 일이 아니다
서로가 죽이 맞은 건 더더구나 아니다.

발 디디고 선 영토領土를 어거지로 뺏는 거다
나라의 주권主權이었던 왕조를 허무는 거다
국민國民의 가슴 속에 든 자존自尊을 뭉개는 거다.

일없이 으르렁대던 국경이 없어지리
병사들은 창 대신 쟁기를 들게 되리
배불리 먹은 백성은 토실토실 살이 찌리.

\* 30대 문무왕文武王(재위 661년~681년)

- 661년(문무 원년) 태자 법민法敏이 위에 오름
  663(문무 3) 4월 당이 신라를 계림대도독부로 삼음
  666(문무 6) 왕이 고구려를 멸하고자 당에 군사를 요청함
  668(문무 8) 6월 12일 당의 유인궤가 당항진(남양)에 도착
   21일 대각간 김유신을 대총관으로 임명
   7월 16일 왕이 한성주(현 서울지역)에 행차함
   9월 21일 당 군대와 연합하여 평양을 포위함
   고구려 보장왕이 항복함
   보장왕 등 20만 명을 당으로 송환함
   10월 22일 김유신을 태대각간에 임명함
   11월 6일 선조묘를 참배하여 통일을 고함

〈11대 조분이사금부터 시작한 고구려와의 26회에 걸친 국경분쟁이 끝났다. 고구려의 부흥운동은 31대 신문왕 4년(684년) 대문(大文)의 모반이 토벌되며 마무리된다.〉

  670(문무 10) 12월 왜국이 국명을 일본日本으로 고쳤는데
   '해 돋는 곳과 가까이 있다'는 뜻이다
  671(문무 11) 석성石城전투를 시작으로 당 축출작전 시작함
  676(문무 16) 11월 기벌포伎伐浦 전 승리로 당을 몰아냄

〈신라의 당 축출전은 왕 11년의 석성전투를 시작으로 크고 작은 56회의 전투 끝에 기벌포 전을 끝으로 마무리 된다. 신라가 명실 공히 한반도의 주인이 된 것이다.〉

  681(문무 21) 7월 왕이 별세, 대왕석大王石에 장사지냄.

# 융합融合
  — 31대 신문왕



눈 맞은 남자 여자 여의는 좋은 일도
두 집안이 마주하면 소리 나기 마련인데
하물며 나라이겠는가! 그것도 세 나라가!

이긴 자의 아량에는 교만이 배어있고
진 자의 가슴에는 모멸감이 왜 없으랴
더구나 말[言語]이 같아서 숨소리도 알아들으니….

삼한三韓이 한 가족이라 두 마음이 없다고?
같은 나라 이름으로 살아 온지 천 사백년
아직도 이 땅 위에는 신라 백제 있지 않나?


\* 삼국사기 열전1 김유신 편에 문무왕 13년(673년) 임종을 앞둔 김유신이 문무왕에게 "삼한三韓(고구려 · 백제 · 신라)은 일가一家이고, 백성은 두 마음을 가지지 않게 되었다."고 하였다.

## * 31대 신문왕神文王(재위 681년~692년)

- 681년(신문 원년) 7월 문무왕의 장자가 위를 이었음

〈8월 8일 소판 김흠돌, 파진찬 흥원, 대아찬 진공 등이 반역을 도모하다가 처형되었다. 28일에는 흠돌의 반역을 알고도 신고하지 않은 병부령 이찬 군관(軍官)과 그 아들을 자진케 하였다. 이는 진골로서 왕위에 오른 김춘추계가 반대 세력 실세들을 제거하여 명실상부한 전제왕권을 확립한 것을 의미한다.〉

  682(신문 2) 6월 국립대학 격인 국학國學을 세움
  685(신문 5) 전국을 9州로 나누고 밑에 450개의 군郡과
             현縣을 두었고, 5소경小京을 설치함

〈신라지역 : 상주(尙州, 현 상주), 양주(良州, 양산), 강주(康州, 진주)
 백제지역 : 웅주(熊州, 공주), 전주(全州, 현 전주), 무주(武州, 광주)
 고구려지역 : 한주(漢州, 경기광주), 삭주(朔州, 춘천), 명주(溟州, 강릉)
 5소경　 : 금관경(金官京: 김해), 남원경(南原: 남원), 서원경(西原:
          청주), 중원경(中原: 충주), 북원경(北原: 원주)〉

  687(신문 7) 문무 관료들에게 직급에 따라 밭[田]을 줌
  689(신문 9) 녹읍祿邑을 폐지, 매년 직급에 따라 벼를 줌
             윤9월 달구벌(대구)로 천도하려다 실현치 못함
  692(신문 12) 7월 별세, 낭산 동쪽(배반동)에 장사지냄.

〈이해 당(唐)의 사신이 '왜 무열왕 김춘추의 시호가 당의 문황제(文皇帝)와 같은 태종(太宗)이냐'며 고치라 하였다. 답하기를 '선왕 춘추가 양신 김유신을 얻어 삼한(三韓)을 일통(一統)한 공이 있어 추존한 묘호가 성조(聖祖)와 같은 줄 몰랐다'하니 달리 말이 없었다.〉

# 한세월閑歲月
— 32대 효소왕

눈부신 풀대궁에 잠자리 까닥까닥…

광풍狂風이 지나가고
들어선 적막이다

찢기고 할퀸 가슴이
아무는 시간이다.

* 참 한가로운 세월이었다. 효소왕 재위 11년 동안 모반이 한 번 있었을 뿐이다. 무엇보다도 전쟁이 없었다. 부친이었던 31대 신문왕 4년(684년) 고구려 왕족으로서 신라에 귀순해 있던 안승(安勝)의 조카인 장군 대문(大文)이 금마저(金馬渚, 익산)에서 모반을 일으켰다 토벌되면서, 백제와 고구려의 부흥운동마저 완전히 끝이 났기 때문이다.

* 32대 효소왕孝昭王(재위 692년~702년)


- 692년(효소 원년) 신문왕의 태자가 위에 올라 당의 측천무후로부터
              '신라왕 보국대장군 행좌표도위대장군 계림주도독'으
              로 책봉됨
  694(효소 3) 김춘추의 동생 김인문이 당에서 66세로 사망
  695(효소 4) 입자월立子月(11월)로 정월을 삼았고
              10월 서쪽 남쪽 두 곳에 시장을 설치함
  697(효소 6) 9월 임해전에서 신하들에게 잔치를 베풀었음
  698(효소 7) 2월 서울에 지진이 있었고
              큰 바람이 불어 나무가 꺾임
  700(효소 9) 다시 입인월立寅月(1월)로 정월을 삼았고
              5월 이찬 경영慶永 모반하다가 처형됨
  702(효소 11) 7월 왕이 별세하여
              망덕사 동쪽(조양동) 장사 지냄.

# 삶
— 33대 성덕왕

투박한 질그릇에 좁쌀 섞인 깡보리밥
소금에 숨만 죽은 시퍼런 나물하며
그나마 넉넉하다면 무슨 걱정 있으랴.

숨 쉬면 콧구멍이 얼어오는 긴 삼동三冬을
바람 술술 들어오는 갈포葛布 옷으로 견디며
그나마 없는 것 보다는 낫다고 여겼으리.

하늘의 도움으로 병치레 없이 자라
나이 열다섯이면 병역兵役에다 부역賦役까지…
그나마 스물 두 셋이면 명줄을 놓았다네.

\* 신라시대에는 15세부터 성인으로 간주되어 남자의 경우 병역과 부역을 부담해야했다. 그리고 일부 학자들은 이 당시 사람들의 평균수명을 20~25세로 추정하였다.

* 33대 성덕왕聖德王(재위 702년~737년)

- 702년(성덕 원년) 효소왕에게 아들이 없어 국인들이
　　　　　　　　동모제同母弟인 흥광興光을 추대함
　703(성덕 2) 7월 일본국 사신 204명 왔음
　707(성덕 6) 굶어죽는 이가 늘어나 1인 1일 조 3되를 줌
　711(성덕 10) 백관잠百官箴(관료들이 지켜야 할 덕목) 지음
　718(성덕 17) 황룡사 탑에 벼락이 쳤고 누각을 처음 만듦
　721(성덕 20) 7월 하슬라도(강릉) 정부丁夫 2천 명을 징발
　　　　　　　북쪽에 장성長城을 쌓았음
　722(성덕 21) 처음으로 백성들에게 정전丁田(15세 이상의 남자에게
　　　　　　　나라에서 나누어 주던 토지)을 줌
　728(성덕 27) 신라 자제들을 당나라 국학國學에 입학시켜 줄 것을
　　　　　　　요청하여 현종의 허락을 받음
　735(성덕 34) 당 현종이 신라에 패강浿江(대동강)이남의 땅을 주라는
　　　　　　　조칙을 내림
　737(성덕 36) 2월 왕이 별세, 지금의 조양동에 장사 지냄.

〈신라시대의 주식은 보리와 좁쌀이었다. 고추는 임진왜란(1592~98)때 일본으로부터 우리나라로 들어왔다. 그 전 우리의 김치는 순무, 아욱 등을 소금에 절인 것이었다.〉

〈목화(木花)는 고려 말 원나라에 사신으로 갔던 문익점(文益漸, 1329~1398)이 들여왔다. 신라시대 우리 조상들은 갈포나 삼베옷을 입고, 갈포 사이에 나뭇잎을 넣어 누빈 이불로 추운 겨울을 났다. 비단이나 짐승 가죽은 귀족들의 전유물이었을 것이다.〉

# 화장火葬
— 34대 효성왕

사유思惟하는 동물에게
죽음은
두려움이다

안 보이게 깊이깊이 묻어서 버려야 하리

더러는 활활 태워서
날려 잊어야 하리.

* 34대 효성왕孝成王( 재위 737년~742년)


- 737년(효성 원년) 성덕왕의 아들이 위에 오름
　 738(효성 2) 당 현종이 좌찬선대부 형도邢璹를 성덕왕의 조문사로
　　　　　　　 보내며 바둑 잘 두는 양계응楊季鷹을 함께 보냈는데,
　　　　　　　 신라의 고수들이 모두 졌음
　　　　　　　 형도가 노자도덕경 등의 책을 왕에게 바침
　 739(효성 3) 형도에게 금 30냥, 베 50필, 인삼 100근을 줌
　　　　　　　 3월 이찬 순원의 딸 혜명을 왕비로 맞았음
　　　　　　　 5월 동생인 파진찬 헌영을 태자로 봉하였음
　 740(효성 4) 8월 파진찬 영종이 반역을 도모하다가 처형됨

〈영종의 딸이 후궁으로 들어와 왕의 총애를 받자 왕비가 이를 질투하여 자기 친척들과 함께 그녀를 죽이려 하였다. 이에 왕비와 그 친척들에 대한 원한으로 영종이 반역을 도모했다.〉

　 742(효성 6) 5월 왕이 별세하여
　　　　　　　 유언에 따라 관을 법류사法流寺 남쪽에서
　　　　　　　 화장火葬하고 유골을 동해에 뿌렸음.

〈1975년 경주 안압지에서 신라시대 목간(木簡) 51점이 발굴되었다. 32대 효소왕부터 36대 혜공왕 사이에 만들어진 것으로 추정되었으며 크기는 다양했다. 길이가 20cm 내외, 폭 3cm 내외, 두께는 3cm에서 0.2cm까지였다. 두께가 다양한 것은 사용했던 목간을 깎아서 재사용했던 흔적이다. 붓과 삭도(削刀)는 이 시대의 문방구로서 오늘날의 연필과 지우개였다. 종이가 귀하던 시대의 흔적이다.〉

# 꽃
— 35대 경덕왕

해사하게 웃는 꽃은
어디서 오는 걸까?

적어도 팔백년은
적선積善을 해야 하리

불국사
다보탑 석가탑
석굴암
에밀레종.


\* 신라는 BC 57년에 건국되었다.

* 35대 경덕왕景德王(재위 742년~765년)

- 742년(경덕 원년) 효성왕의 동모제同母弟가 위에 오름
  743(경덕 2) 4월 서불한 김의충의 딸을 왕비로 맞음
  746(경덕 5) 4월 승려 150명에게 도첩을 주었음
  748(경덕 7) 8월 정찰貞察 한 명을 두어 백관을 감찰함
  751(경덕 10) 대상大相 김대성金大城이 불국사를 중창함

〈이때 석가탑(무영탑)과 다보탑 및 석굴암도 만들어졌다. 에밀레종은 경덕왕이 그의 아버지 33대 성덕왕의 명복을 빌기 위하여 큰 종을 만들려고 하였으나 뜻을 이루지 못하고 죽자, 그의 아들 혜공왕(惠恭王)이 뒤를 이어 구리 12만 근(27t)을 들여 왕 7년(771년)에 완성하고 성덕대왕신종이라 불렀다고 종명(鐘銘)에 전해온다.〉

  754(경덕 13) 5월 아버지 성덕왕의 비석을 세움
  755(경덕 14) 봄에 기근이 들었음

〈웅천주의 향덕이라는 사람이 먹을 게 없자 자기의 다리 살을 베어 아버지에게 먹였다. 왕이 이 소문을 듣고 그에게 선물을 후히 주고 동시에 정문(旌門)을 세워 표창하였다.〉

  757(경덕 16) 관리들의 월급제를 폐지하고 다시 녹읍을 줌
  759(경덕 18) 대폭적인 관제 개혁과 군현의 명칭을 변경함

〈이는 진골 세력에 대한 일원적인 통제를 하기 위함이었지만 여타 진골 귀족들의 반발을 초래, 후일 96명의 각간들이 서로 싸우는 빌미를 제공하게 된다.〉

  765(경덕 24) 6월 왕이 별세하여 모지사毛祇寺 서쪽 산
              (경주 내남면 부지리)에 장사지냄.

# 항룡유회 亢龍有悔
― 36대 혜공왕

하늘 끝까지 오른 용龍은
내려올 수밖에 없어

삼가고 또 삼가야
후회함이 없는 것을…

찬란한 왕국의 조락凋落은
내분에서 비롯하네.


* 《주역周易》〈효사爻辭〉에서는 용을 잠룡潛龍, 현룡現龍, 비룡飛龍, 항룡亢龍으로 구분한다. 항룡유회란 하늘 끝까지 올라간 용이 내려갈 길밖에 없음을 후회한다는 뜻으로, 최정상에 오른 사람은 항상 조심하고 삼가야 후회할 일이 생기지 않는다는 것을 의미한다.

* 36대 혜공왕惠恭王(재위 765년~780년)


- 765년(혜공 원년) 경덕왕의 적자 건운이 8세에 즉위하여
                    태후가 섭정을 함
  768(혜공 4) 7월 96각간의 난 발생

〈삼국유사 기이 혜공왕편: 7월 3일에 각간 대공(大恭)이 반란을 일으켜 서울과 6소경(小京)의 주군(州郡) 도합 96명의 각간(角干)들이 서로 싸워 크게 어지러웠다. 난리가 3개월 만에 멎으니 상을 받은 사람도 많았으나, 죽음을 당한 자도 수없이 많았다.〉

  770(혜공 6) 8월 대아찬 김융이 반역하다가 사형 당함
  775(혜공 11) 6월 이찬 김은거가 반역하다가 처형당함
              8월 이찬 염상이 반역하다가 처형됨
  777(혜공 13) 4월 상대등 양상이 상소하여 시국을 비판함
  779(혜공 15) 3월 지진이 발생하여 백여 명이 사망하였음
  780(혜공 16) 4월 상대등 김양상에 의해 피살됨

〈어려서 즉위한 왕이 나이가 들면서 여색에 빠져 나라의 기강이 문란해졌다. 왕 4년에 발생한 96각간의 난은 기강이 흔들린 단적인 예이다. 각간(1등급)이면 신라 최고의 관등을 가진 귀족들로 거의 진골(眞骨)이다. 즉 17대 내물왕의 후손들 96명이 저희들끼리 치고받은 것이다. 이외 혜공왕 재위기간 중 모반이 4회 더 일어났다.
마지막 모반은 위태로운 사직을 바로 잡는다며 왕 16년 2월 이찬 김지정이 일으켰다. 이에 4월 상대등 김양상과 이찬 김경신이 군사를 동원, 김지정의 난을 진압하면서 왕과 왕비를 살해하고 김양상이 왕위에 올랐다. 29대 무열왕계의 8대 126년의 통치가 끝이 난 것이다.〉

## V. 하대下代 · 1
(37대 선덕왕 ~ 46대 문성왕)

# 방계傍系
— 37대 선덕왕

내물왕 후손이라 진골眞骨은 진골인데
소나무 잔가지에 붙어있는 솔잎 신세
본간本幹을 뭉텅 자르고
이 몸을 접붙이리.

이긴 자는 가지고 진 자는 잃는 거다
실패하면 역모逆謀고 성공하면 혁명이다
내 앞을 가로 막는 자
그가 바로 역적이리.

* 37대 선덕왕宣德王(재위 780년~785년)

- 780년(선덕 원년) 내물왕 10대손 김양상이 위에 올라
            이찬 김경신을 상대등으로 삼았음

〈17대 내물이사금의 후손들은 모두 진골(眞骨) 귀족이 된다. 하지만 22대 지증왕의 직계 후손들이 7대에 걸쳐 154년을 통치한 다음, 29대 무열왕의 후손들이 8대 126년간 왕위를 이었다. 그 사이 내물이사금의 방계 후손들의 불만도 누적되었다. 이에 내물의 10세손 상대등 김양상과 12대손 이찬 김경신 등의 방계 실세들이 김지정의 반란을 진압한다는 명분으로 모반을 일으켜 무열왕계 마지막왕인 혜공왕을 죽였다. 상대등 김양상은 왕위에 올라 선덕왕이 되었고, 이찬 김경신이 상대등이 되었다.〉

    782(선덕 3) 윤정월, 사신을 당 나라에 보내 조공하였고
            2월 한산주漢山州(경기도 광주)를 순행하고
                백성들을 패강진浿江鎭(평양)에 옮겨 살게 함
    784(선덕 5) 4월 왕이 왕위를 물러나려 하였으나
                여러 신하들이 말려 중지하였음
    785(선덕 6) 정월 당 덕종德宗이 호부낭중 개훈蓋壎을 보내
                왕을 '검교대위 계림주자사 영해군사 신라왕'
                檢校大尉 雞林州刺史 寧海軍使 新羅王으로 책봉함

            왕의 병이 깊어져 정월 13일 별세하여
            유언대로 화장하여 동해에 산골 함.

# 중시조中始祖
― 38대 원성왕

1
무릇 지존至尊의 일은
하늘의 소관사던가?

혁명에 성공했으나 이인자二人者에 불과한데

임금은 병으로 죽고
적수敵手는 물에 갇히고….

2
운運이라면 운이지만
절로 오는 운은 없다

고비마다 칼자루에는 소금이 버석거렸다

검붉게 물든 이 금관
자자손손 이어가라.

\* 원성왕의 자손들은 52대 효공왕까지 15왕 127년을 다스렸다.

\* 38대 원성왕元聖王(재위 785년~798년)


- 785년(원성 원년) 내물왕의 12대손 김경신이 등극함
-

〈선덕왕이 아들 없이 병으로 죽었다. 예상후계자는 무열왕계의 대표주자 김주원(무열왕 2자 김인문의 직계후손)이었다. 그러나 왕을 정하던 날, 많은 비로 알천(閼川, 지금의 경주 북천)이 범람하여 강북에 살던 김주원이 회의에 참석할 수 없었다. 이를 하늘의 뜻으로 여기고 상대등 김경신을 왕으로 삼으니 원성왕이다.〉

〈삼국사기의 기록은 이러하나 실은 양자 간의 왕위 쟁탈전이었다. 이긴 김경신은 왕이 되었다. 패한 김주원은 자신의 지지기반인 명주(溟州, 강릉)지방으로 물러났는데, 2년 뒤 그 일대를 식읍으로 주며 명주군왕(溟州郡王)에 봉했다. 왕권의 약화가 시작된 것이다.〉

 788(원성 4) 관료선발제도인 독서삼품과를 설치하였음

〈춘추좌씨전, 예기, 문선(文選)에 능통하고 아울러 논어와 효경에 밝은 자를 상품(上品). 곡례(曲禮), 논어, 효경을 읽은 자를 중품(中品). 곡례와 효경을 읽은 자를 하품(下品)으로 하였다. 종래 활쏘기만으로 인물을 선발하던 것을 이때에 바꾼 것이다.〉

 790(원성 6) 벽골제碧骨堤(김제)를 증축함
 791(원성 7) 정월 이찬 제공悌恭이 반역하다가 처형당함
 794(원성 10) 7월 봉은사奉恩寺를 창건함
 798(원성 14) 12월 29일 별세, 유언에 따라 화장함.

〈삼국유사에는 원성왕릉이 토함산 동곡사(洞鵠寺, 현 외동읍)에 있고 최치원이 지은 비석이 있다 하였다.〉

# 후계자
― 39대 소성왕

참으로 알 수 없는 게 사람의 일이로다

범[虎]의 씨에서 어찌
비실대는 살쾡이가…

씌워준 황금보관黃金寶冠도
간수하질 못하누나!

\* 39대 소성왕昭聖王(재위 799년~800년)

- 799년(소성 원년) 정월 태자 준옹俊邕이 위에 오름
  3월 청주菁州의 거로현居老縣(거제도)을
  학생녹읍學生祿邑으로 정함

〈38대 원성왕 즉위 원년(785년) 아들 인겸(仁謙)을 태자로 책봉하고, 왕5년(789) 당에 사신으로 다녀온 원손 준옹(俊邕)에게 대아찬을 주어 후계구도를 확정지었다. 그러나 왕7년(791) 태자가 사망하였다. 부득이 원손 준옹을 시중(侍中)으로 삼으며 후계구도를 변경했는데, 문제는 준옹이 병약했다. 할 수 없이 왕8년(792) 왕의 2자 의영(義英)을 태자로 삼고, 병약한 준옹을 시중에서 면직시켰다. 그런데 왕10년(794) 의영태자가 사망했다.
원성왕은 다시 원손 준옹을 병부령으로 삼아 후계자로 정하면서, 준옹의 동생 언승(彦昇)을 시중으로 삼아 형을 보좌하도록 하였다. 그리고 다음해 왕11년(795) 원손 준옹을 태자로 책봉하고, 왕 12년(796) 동생 언승을 병부령으로 삼았다.
왕은 2년 뒤인 14년(798) 12월 29일 사망했다. 그러나 원성왕의 사후는 그리 편치 않았을 것이다. 이렇게 힘들게 왕이 된 준옹(39대 소성왕)은 즉위 1년 5개월 뒤에 사망했다. 소성왕의 아들 청명(淸明)이 13세에 40대 애장왕으로 즉위했고, 병부령 언승은 섭정을 맡았다.〉

800(소성 2) 6월 왕자를 태자로 봉하고, 왕이 별세하였음.

# 해인삼매 海印三昧
— 40대 애장왕

1
열세 살 되던 해에 아비가 세상 뜨니
악귀 같은 숙부가 섭정攝政합네 붙어있다
목소릴 듣기만 해도 오줌이 찔끔찔끔.

2
세상사 모든 일이 마음먹기 달렸다니
걱정거리 걷어낸 마음의 바다[海]에는
만상萬象이 참모습으로 도장[印] 찍듯 드러나리.

\* 삼국사기 애장왕 3년(802년) 8월 가야산 해인사海印寺를 창건하였다.

* 40대 애장왕哀莊王(재위 800년~809년)


- 800년(애장 원년) 소성왕의 태자 청명淸明이 13세에 즉위
  숙부인 아찬 병부령 언승彦昇이 섭정함

〈앞서 38대 원성이 별세하였을 때, 당나라 덕종이 위단(韋丹)을 지절사로 보내 조문도 하고 준옹(俊邕)을 새 왕으로 책봉하려 하였으나, 위단이 운주(鄆州)에 도착했을 때, 새 왕 39대 소성이 또 죽었다는 말을 듣고 되돌아갔다. 부고가 가는데 수개월, 조문단을 꾸리는데 수개월, 조문 오는데 수개월 걸리다 보니 어쩔 수 없는 일이었다. 이 시대의 외교라는 게 이러했다.〉

  801(애장 2) 2월 병부령 언승을 상대등으로 임명함
  802(애장 3) 8월 가야산 해인사를 창건함

〈애장왕의 왕비가 병이 깊었다. 해동 화엄종의 초조(初祖)인 의상대사의 법손 순응(順應)화상이 전국의 용하다는 의원을 모두 가야산으로 불러 치료하여 병이 나았다. 기뻐한 왕과 왕비가 절을 짓도록 하였으니 해인사이다. 절 이름은 화엄경에 나오는 해인삼매(海印三昧)에서 비롯했으니, 번뇌가 사라진 마음의 바다[海]에 삼라만상의 참모습이 도장[印] 찍히듯 드러난다는 뜻이다. 섭정하는 숙부에게 시달리던 15세 어린 왕은 불교에 의지하는 바가 컸을 것이다.〉

  806(애장 7) 새 절을 못 짓게 하고 수리만을 허락하며 불교행사에
           고급 비단을 사용하지 못하게 함
  809(애장 10) 7월 숙부 상대등 언승이 아우 이찬 제옹과 함께
             반란을 일으켜 왕을 죽임
             왕의 아우 체명體明도 함께 살해당함

## 호구조사
― 41대 헌덕왕

내 살림과 남의 살림이 이리도 다른 건가?
섭정攝政하는 상대등上大等도 주인인줄 알았는데
아니다 그게 아니더라
왕이 주인이더라.

생각 없이 흘려보낸 모든 게 궁금하다
백성은 몇 명이고 뽕나무는 몇 그룬지…
내 땅의 방방곡곡을
삼년마다 조사하라.


\* 상대등은 나라의 2인자로 국왕의 권한을 견제하면서 국사를 총괄하였다.

\* 41대 헌덕왕憲德王(재위 809년~826년)

- 809년(헌덕 원년) 언승이 조카를 죽이고 위에 올랐음

〈언승(彦昇)은 39대 소성왕의 동복아우(同母弟)다. 부친이던 원성왕 6년(790년) 당나라에 사신으로 다녀와 대아찬이 되었다가, 왕 7년 이찬 제공(悌恭)의 역모를 제압하고 잡찬에 올랐다. 원성왕 10년(794)에 시중, 12년에는 병부령이 되었다. 애장왕 원년(800년)에는 각간인 병부령으로, 왕 2년에는 상대등으로 섭정을 하다가 조카인 40대 애장왕을 죽이고 마침내 왕이 되었다.〉

815(헌덕 7) '신라촌락문서'를 작성하여 호구조사를 함

〈1933년 일본 동대사(東大寺) 정창원(正倉院)에서 발견된 통일신라시대의 고문서가 '신라촌락문서'이다. 서원경(청주)을 구성하는 이름 미상의 촌(某村)과 서원경 인근의 모현(某縣)을 구성하는 사해점촌(沙害漸村), 살하지촌(薩下知村), 모촌(某村) 등 4개 촌락에 대한 명세(편의상 호구조사로 칭함)를 정리한 것이다.
내용은 마을 이름과 마을의 크기, 가구[戶]의 구성, 인구 구성, 우마(牛馬)의 수, 토지 구성, 뽕나무, 잣나무, 호두나무의 수, 인구 변동, 우마의 변동을 기록하고 있다. 이 호구조사는 매 3년 마다 실시하였다. 문서의 작성 시기는 사해점촌 기록 중에 나오는 을미년(乙未年)을 근거로 경덕왕 14년(755년)이나 헌덕왕 7년(815년)에 작성된 것으로 보고 있다.〉

822(헌덕 14) 3월 웅천주도독 김헌창金憲昌이 국호를 장안長安이라 칭하며 모반을 일으켰다 토벌됨
825(헌덕 17) 정월 헌창의 아들 범문이 모반했다가 처형됨
826(헌덕 18) 10월 별세, 천림사 북쪽(동천동)에 장사지냄.

## 순애보純愛譜
— 42대 흥덕왕

오로지
첫 정情일까?
놓지를 못했다네

미운 정
고운 정을
떼지를 못했다네

칠성七星에
등 대고서야
비로소 떨쳤다네.

* 흥덕왕은 왕비 장화부인이 돌아가시자 부인을 못 잊어 홀로 살았다.

\* 42대 흥덕왕興德王(재위 826년~836년)


- 826년(흥덕 원년) 헌덕왕의 동모제同母弟 수종이 위에 오름

  828(흥덕 3) 12월 당에서 온 차 종자를 지리산에 심게 함
            차茶는 선덕왕 때부터 있었으나
            이때부터 크게 유행하였음
  831(흥덕 6) 7월 당에 진봉사進奉使로 갔던 왕자 김능유 일행이
            귀국길에 바다에서 익사함

〈신라 사신들은 경주를 출발하여 -〉 추풍령로 경유 -〉 당항진(黨項津, 경기도 남양) -〉 10여일의 황해 횡단 -〉 산동반도(山東半島) 등주[登州, 오늘날 중국 연태(烟台), 위해(威海) 부근] -〉 중국 내륙 길 수천리 -〉 수개월 후 당(唐)의 수도인 장안[長安, 서안(西安)]에 도착했을 것이다. 험한 바닷길과 변화무쌍한 기후, 풍토병, 비적 떼의 습격과 같은 역경을 이겨내야 하는 목숨을 건 긴 여정이었다.〉

  836(흥덕 11) 12월 왕이 별세, 유언에 따라 장화왕비의
            능(경주시 안강읍 육통리)에 합장함.

〈왕 원년(826년) 12월 왕비 장화부인이 사망하자 정목왕후로 추봉하였다. 왕은 왕비를 잊지 못하고 슬퍼하였다. 여러 신하들이 표문을 올려 다시 왕비를 맞아들이기를 요청하였으나 왕이 말했다.
"짝을 잃은 새에게도 자기의 짝을 잃은 슬픔이 있는데, 좋은 배필을 잃고 나서 어찌하여 무정스럽게도 바로 다시 부인을 얻겠는가?"
왕은 끝내 요청을 듣지 않고, 시녀들조차도 가까이 하지 않았다. 좌우의 심부름꾼은 오직 내시뿐이었다. 장화부인의 성은 김씨로 소성왕의 딸이다.〉

# 난국亂國
— 43대 희강왕

1
전쟁 없는 세월이 어느덧 백 육십 년!
화랑들의 눈동자는 게슴츠레 풀리고
군사들 허벅지에는 군덕살이 붙었다.

2
궐闕로 향한 두 귀로 날라드는 왕의 부음訃音
적신賊臣들의 녹슨 칼에 불꽃이 번쩍였다
아재비 죽인 조카가 왕 자리를 차지했다.

* 30대 문무왕 16년(676년) 기벌포伎伐浦 전 승리로 당을 몰아낸 이래 한반도에는 전쟁이 없었다.

* 43대 희강왕僖康王(재위 836년~838년)


- 836년(희강 원년) 12월 38대 원성왕의 손자 이찬 헌정의
  아들 제융이 왕위에 오름

| 38 원성왕 김경신 | 先亡 인겸 | 39 소성왕 준옹 | 40 애장왕 청명(피살) |
|---|---|---|---|
| | | 41 헌덕왕 언승(찬탈) | |
| | | 42 흥덕왕 수종 | |
| | | 先亡 충공 | 44 민애왕 명(찬탈) |
| | 先亡 예영 | 先亡 헌정 | 43 희강왕제융(쟁탈전) |
| | | 균정 | 45 신무왕 우징(찬탈) |
| | | | 47 헌안왕 의정 |

* 이해를 돕기 위해 같은 편을 파란색과 붉은색으로 표시하였음
〈42대 흥덕왕이 사망했을 때, 왕의 4촌 동생 균정(均貞)과 균정의 형인 헌정(憲貞)의 아들 제융(悌隆)이 서로 임금이 되려하였다. 숙부와 조카간의 왕위 쟁탈전이었다. 이때 시중 김명(金明) 등은 제융을 지지하였고, 아찬 김우징(金祐徵) 등은 그의 아버지 균정(均貞)을 지지하였다. 두 파가 격돌하여 균정이 죽고, 그 아들 김우징 등은 도주하였다. 이에 제융이 즉위하여 43대 희강왕이 되었다.〉

837(희강 2) 정월 반정에 공이 컸던 시중 김명을 상대등,
  아찬 이홍을 시중으로 임명함
  5월 김우징이 청해진의 장보고에게로 도망감
838(희강 3) 정월 김명이 반역을 일으키자 왕이 자결함
  소산蘇山(망성리)에 장사지냄
  재위기간 1년 2개월.

# 난세 亂世
— 44대 민애왕

1
하늘의 큰 부름을 받은 것도 아니었다
아파 누운 조국이 부른 것도 아니었다
세상이 눈 먼 기회를 주었을 뿐이었다.

2
애당초 함께 꾸던 푸른 꿈도 없었잖소?
혼자는 힘에 부쳐 함께 도모 했었잖소?
이제는 네가 해먹어라! 그렇듯 넘기시오.

3
큰 나랏일 하는 터에 백성들이 대수요?
민초란 말 그대로 길섶의 풀 아니오?
하늘에 해가 둘이라도 그들하곤 일없소.

* 44대 민애왕閔哀王(재위 838년~839년)


- 838년(민애 원년) 정월 38대 원성왕의 증손이고
  희강왕의 모반동지 김명이 왕이 됨

〈원성왕의 손자 충공의 아들인 김명(金明)은 42대 흥덕왕 10년(835) 2월 대아찬으로 시중이 되었다. 이듬해인 흥덕왕 11년(836년) 12월 6촌 형인 제륭과 함께 당숙 균정을 물리쳤다. 제륭은 희강왕이 되었고, 김명은 이듬해 1월 상대등에 올랐다. 그로부터 딱 1년을 견디다가 희강왕 3년(838년) 1월 모반을 일으켜 왕위를 찬탈하였다.〉

2월 김우징의 부하 김양金陽이 군사를 모집
청해진으로 들어가 김우징에게
김명이 왕위를 찬탈한 것을 알림
김우징이 장보고에게 도움을 요청함
12월 장보고의 도움을 받은 김양 등이
무주 철야현(나주군 남평)에서
왕의 군사를 섬멸함
839(민애 2) 윤정월 19일 김양의 군사가 달벌(대구)에 도착
왕의 군사를 격파하고 왕을 죽였음
재위기간 1년 1개월.

# 일곱 달 천하
— 45대 신무왕

바둑 한판 두는데도 범절凡節이 엄연한데

하물며 한 나라의
지존至尊의 일이겠는가?

하늘도
무심치 않아
명줄을 거두누나.


* 신무왕은 왕위를 찬탈한지 7개월 만에 병사하였다.

\* 45대 신무왕神武王(재위 839년 윤1월~839년 7월)


- 839년(신무 원년) 윤1월 38대 원성왕의 손자인
  상대등 균정의 아들이자
  43대 희강왕의 종제 김우징이 위에 오름
  아들 경응慶膺을 태자로 삼고
  청해진 대사 궁복을 감의군사感義軍使로
  삼으며 식읍 2천 호를 주었음

〈김우징(金祐徵)은 41대 헌덕왕 14년(822년) 대아찬으로 김헌창의 난을 진압하였고, 42대 흥덕왕 3년(828년) 1월 시중이 되었다. 흥덕왕 6년(831년) 시중에서 면직되었다가 3년 후인 흥덕왕 9년(834년) 다시 시중에 올랐으나, 흥덕왕 10년(835년) 부친 균정이 상대등이 되자 시중 직을 사임하였다.

흥덕왕 11년(836년) 12월 희강왕이 된 제융과의 왕위쟁탈전에서 부친이 살해당했는데, 이를 불평하고 다니던 김우징은 김명 등의 보복이 두려워 희강왕 2년(837년) 5월 청해진(전남 완도) 대사 궁복(弓福, 장보고)에게 도망하여 몸을 의탁하였다. 유랑객으로 청해진에 머물던 중 김명이 모반하여 민애왕이 되었다는 소식을 접하였다. 절치부심하던 김우징은 장보고에게 '왕이 되면 딸을 며느리로 삼겠다.'고 약속하고, 장보고의 병력을 동원하여 반란을 일으켰다. 민애왕을 죽이고 마침내 왕이 되어 부친 때부터의 비원을 이루었다.〉

  7월 23일 임금이 된지 7개월 만에 병사
  제형산 서북쪽(동방동)에 장사지냄.

# 보은報恩
### — 46대 문성왕

1
어려울 때 신세진 건 당연히 갚아야지
아비가 한 약조는 대를 이어 지키리라
하지만 이를 어쩌오!
왕명王命마저 안 통하니….

2
속지를 말았어야!
속지를 말았어야!
저들끼리 성골 진골 천년을 누린 나라
내 새끼 왕비 된다기에
덜렁 말려들었구려.


\* 문성왕은 아버지 신무왕의 약속대로 장보고의 딸을 둘째 왕비로 삼고자 하였으나, 신분이 천하다는 이유로 신하들이 반대하여 뜻을 이루지 못하였다.

* 46대 문성왕文聖王(재위 839년~857년)


- 839년(문성 원년) 신무왕의 태자 경응慶膺이 위에 오름
  장보고를 진해장군鎭海將軍으로 임명함
  842(문성 4) 3월 이찬 위흔의 딸을 왕비로 맞았음
  845(문성 7) 3월 장보고의 딸을 둘째 왕비로 삼고자 했으나
  신분이 천하다는 신하들의 반대로 실패함
  846(문성 8) 장보고가 왕을 원망하며 반란을 일으켰으나
  부하인 염장閻長에 의해 살해됨
  851(문성 13) 2월 청해진을 없애고 그 지방 사람들을
  벽골군(김제)으로 옮겨 살게 함
  857(문성 19) 왕이 병사하여 공작지(서악동)에 장사지냄.

〈장보고(張保皐, 弓福)의 문성왕 이전 행적〉
42대 흥덕왕 3년(828년) 당의 서주(徐州)로 들어가 군중소장(軍中小將)이 되었다가 귀국하여 청해진(완도) 대사에 임명되어, 당나라와 일본, 신라를 잇는 해상무역을 통하여 바다를 제패하던 중 43대 희강왕 2년(837년) 희강왕과의 왕위 쟁탈전에서 패한 김우징이 청해진으로 도망옴.
44대 민애왕 1년(838년) 김명이 희강왕을 죽이고 왕이 되었다는 소식을 접한 김우징이 자신이 왕이 되면 장보고의 딸을 며느리로 삼아 왕비를 만들어주겠다는 약속을 하고 장보고의 병력으로 반란을 일으켜, 민애왕 2년 윤정월 왕위(45대 신무왕)에 올랐으나 7개월 만에 죽음.

# VI. 하대下代 · 2
(47대 헌안왕 ~ 56대 경순왕)

# 천도 天道
— 47대 헌안왕

사람이 살다보니 이런 일도 있구나!

임금이 훙薨하여도 피바람이 일지 않는…

역천逆天의 세월 육십 년
마침내 천도天道가 섰다.

* 37대 선덕왕이 혜공왕을 죽인 이래로 45대 신무왕까지 59년간 9명의 왕이 교체되었다.

## * 47대 헌안왕憲安王(재위 857년~861년)

- 857년(헌안 원년) 문성왕 유언에 따라 부의 이복동생異母弟
  숙부 의정誼靖이 위에 오름
  860(헌안 4) 9월 15세의 왕족 응렴膺廉을 시험하였음
  (삼국유사에는 20세로 기록되어있음)

〈임해전에서 신하들과 모였을 때 응렴에게 물었다. "세상을 주유하며 착한 사람을 본 일이 있는가?" "제가 세 사람을 보았는데 한 사람은 높은 가문의 자제였으나 겸손하였고, 한 사람은 부자였으나 검소하였으며, 한 사람은 세도를 가졌으나 남에게 세도를 부리지 않았습니다." 왕은 흡족해하며 응렴을 자신의 사위로 삼고자하였다. "내 두 딸의 나이가 20살과 19살이다. 네 마음대로 장가를 들라." 응렴이 감사를 표하며 집으로 와서 부모에게 이 사실을 고하였다.
그의 부모는 "들건대 왕의 두 딸 중 동생이 미인이라니 동생에게 장가를 들라."하였다. 그러나 응렴은 주저하다가 흥륜사 중에게 물었다. 그 중은 "언니에게 장가를 들면 세 가지 이익이 있을 것"이라 하였다. 응렴이 곧 왕에게 "제가 감히 마음대로 결정을 못하겠사오니, 왕의 명령에 따르겠나이다."라고 아뢰니, 이에 왕이 맏딸을 시집 보냈다.〉

861(헌안 5년) 정월 병이 들어 다음과 같은 유언을 남기고
별세하여 공작지(서악동)에 장사지냄.

〈과인이 딸만 두었다. 예전에 선덕, 진덕 두 여왕이 있었지만, 이를 본받을 수는 없다. 사위인 응렴은 나이가 비록 어리지만 성숙한 덕성을 갖추고 있으니 그를 임금으로 세우라.〉

# 내막內幕
### — 48대 경문왕

옥좌의 쟁탈전은 사생결단 아니던가?
정적政敵을 섬멸해야 후환이 없질 않나?
어떻게 자식이 살아남아
후일의 왕이 될까?

'난적亂賊을 치죄할 때 당여黨與를 다스린다.'
춘추春秋의 엄한 법을 신라인은 몰랐을까?
분실된 타임캡슐 속
그 내막이 궁금하다.


* 춘추는 공자孔子가 편수한 노魯나라의 역사서다. 그는 정명正名과 포폄褒貶의 원칙에 따라 역사를 서술하면서, 대의명분을 밝혀 그것으로써 천하의 질서를 바로 세우려 하였다.

\* 48대 경문왕景文王(재위 861년~875년)


- 861년(경문 원년) 43대 희강왕의 아들 아찬 계명啓明의
  아들 응렴膺廉(헌안왕 사위)이 위에 오름

〈43대 희강왕은 44대 민애왕에 의해 시해되었다. 그런데 어떻게 그 손자 응렴이 살아남아 48대 왕이 되었을까? 왕위쟁탈전에서 피살당한 김균정의 아들 김우징(45대 신무왕)은 또 어떻게 살아남았을까?〉

〈두 가지의 가능성을 생각해본다.
하나는 화백회의의 잔재이다. 만장일치제로 운영되던 화백회의는 의사결정과정에 있었던 시시비비에 대해서는 불문에 붙였다. 이런 사고방식이 화백회의가 유명무실해진 후대까지 영향을 미쳤을 가능성이다. 즉 역심도 화백회의에서의 의사표시 정도로 보는 것이다.
다른 하나는 가족 구성원 내부의 사정이다. 내물왕 이후 왕실 사람들은 거의 족내혼을 했다. 그러기를 수백 년. 지금의 시각으로는 삼촌, 사촌이지 그 당시에는 그런 개념도 없을 때였다. 왕족 전체가 한 식구처럼 사는 집단가족제(?)였을 가능성이다. 확인할 수는 없지만 부인하기도 힘든 일이다.〉

863(경문 3) 11월 왕비의 동생을 둘째 왕비로 삼았음

〈왕이 흥륜사 중에게 물었다. "대사가 전에 말했던 세 가지 이익이란 무엇인가?" 중이 대답하였다. "언니와 결혼하면 그것이 당시 왕의 뜻이니 왕의 사랑이 깊어질 것이 첫째이고, 이로 인하여 왕이 되는 것이 둘째이며, 그리고 결국은 처음부터 원하던 둘째 딸을 취하게 될 것이니, 이것이 셋째 이익입니다."하니 왕이 크게 웃었다.〉

875(경문 15) 7월 8일 왕이 별세함.

## 처용處容의 한恨
— 49대 헌강왕

1
서울 밝은 달에 밤들어 노닐다가
들어와 자리 보니 가랑이가 넷이로다
본디는 내 것이지만
빼앗긴 걸 어이하누.
　　(향가 '처용가'를 시조형태로 정리한 것임)

2
아내를 뺏겼다고 떠벌려서 무얼 하리…
하늘 보고 침 뱉으면 뉘 얼굴에 떨어지랴!
못 본 척 돌아 나와서
춤판이나 벌려보세!


\* 처용가處容歌의 성격에 대해서는 여러 가지 설이 있으나, 강자에게 아내를 빼앗긴 비애를 익살로 표현한 민요형태의 향가라는 견해도 있다.

## * 49대 헌강왕憲康王(재위 875년~886년)

- 875년(헌강 원년) 경문왕의 맏아들이 정展이 위에 오름
  878(헌강 4) 7월 당에 사신을 보내려다가 황소의 난이
                일어났다는 소문을 듣고 중지함
  880(헌강 6) 9월 9일〈왕이 신하들과 월상루(月上樓)에 올라 물었다. "지금 민간에서는 기와로 지붕을 덮고, 숯으로 밥을 짓는다 하니 과연 그러한가?" 시중 민공(敏恭)이 답했다. "저도 그렇게 들었습니다." 이 때, 신라 왕도(王都)의 길이는 3,075보步(5.5km) 폭은 3,018보(5.4km)였다고 한다.〉

  886(헌강 12) 7월 별세, 보리사 동남쪽(남산동)에 장사지냄.

〈헌강왕이 용의 아들인 처용(處容)에게 미인 아내와 급간(級干)의 관직을 주며 서울에 살게 하였다. 처용 아내의 미모에 반한 역신(疫神,천연두를 담당하는 신)이 사람으로 변하여 그녀를 범하였다. 밖에서 돌아온 처용이 이를 보고 노래 부르고 춤추며 물러나왔다.
東京明期月良(서울 밝은 달에) 夜入伊遊行如可(밤들이 노니다가) 入良沙寢矣見昆(들어와 잠자리를 보니) 脚烏伊四是良羅(가랑이가 넷이도다) 二肹隱吾下於叱古(둘은 나의 것이었고) 二肹隱誰支下焉古(둘은 누구의 것인가?) 本矣吾下是如馬於隱(본디 내 것이지마는) 奪叱良乙何如爲理古(빼앗긴 것을 어찌하리오) [양주동 해독]〉

〈이 노래의 성격에 대한 해석은 다양하다. 축사(逐邪: 사악한 귀신을 물리침)와 벽사진경(辟邪進慶: 사악함을 물리치고 경사를 맞이함)의 노래로 보는 견해가 다수이나, 강자에게 아내를 빼앗긴 비애를 익살로 표현한 민요형태의 향가라는 견해도 있다.〉

# 인시寅時
― 50대 정강왕

컹 ―
컹 ―
짐승 기침소리
바람결에 들리더니

응애 ―
응애 ―
아기 울음
적막을 흝는구나

아쉬운
이승의 소리
내일도 들을라나?


* 인시는 새벽 3시에서 5시 사이의 시간이다.
* 정강왕은 즉위한지 10달 만에 병들어 2달 후 별세하였다.

* 50대 정강왕定康王(재위 886년~887년)


- 886년(정강 원년) 헌강왕의 동생 황晃이 위에 오름
  887(정강 2년) 정월 황룡사에 백좌百座를 열고 왕이 직접 가서
  　　　　　　　강론을 들었음
  　　　　　　　한주漢州 이찬 김요가 모반하여 주살함
  　　　　　　5월 왕이 병들어 시중 준흥에게 유언을 함

〈"나의 병이 위급하니 다시 회복되지 못할 것이다. 불행히 뒤를 이을 자식은 없으나, 누이동생 만(曼)은 천성이 명민하고 체격이 남자와 같으니, 그대들이 선덕여왕과 진덕여왕의 옛 일을 본받아 그녀를 왕위에 세우는 것이 좋을 것이다."〉

　　　　　　7월 5일 왕이 별세하여
　　　　　　　　　　보리사 동남쪽(남산동)에 장사지냄.

## 군웅출현 群雄出現
― 51대 진성여왕

세상을 도모하는
영웅은 누구인가!

하늘에서 떨어진
눈 넷 달린 괴물일까?

세월이 펼친 판에서
춤을 추는 광대리라.

목청 좋은 소리꾼에
줄 잘 타는 어름사니

저마다의 손[客]을 바라
신명을 돋우지만

모두를 아우르는 자
천하를 얻으리라.

\* 51대 진성여왕眞聖女王(재위 887년~897년)


- 887년(진성 원년) 헌강왕의 누이동생 만曼이 위에 오름
  888(진성 2) 2월 간통하고 있던 각간 위홍을
              궁에 들어와 일을 보게 하였음
              위홍이 대구大矩 화상과 함께 향가를 모아
              삼대목三代目을 엮었음
  889(진성 3) 여러 주군에서 세금을 내지 않아 재정이 어려워져
              왕이 사신을 파견하여 독촉하였음
              원종元宗, 애노哀奴 등이 사벌주(상주)에서
              반란을 일으켰으나 관군이 제압하지 못함
  891(진성 5) 10월 북원(원주)의 양길梁吉이 그의 부하 궁예弓裔로
              하여금 북원과 명주(강릉) 10여 군현을 습격함
  892(진성 6) 완산(전주)의 견훤甄萱이 후백제를 일으킴
  894(진성 8) 2월 최치원이 시무십여조를 바침
              10월 궁예가 북원에서 하슬라(강릉)로 들어옴
  895(진성 9) 8월 궁예가 인제 부근 10여 군현을 격파함
              10월 헌강왕의 서자 요嶢를 태자로 삼았음
  896(진성 10) 서남쪽에 적고적赤袴賊(붉은 바지 도적)이 봉기
               서울 서쪽 모량리까지 약탈하고 돌아감
  897(진성 11) 6월 태자 요에게 선위하고
               12월 별세, 황산(경남 양산?)에 장사지냄.

## 후삼국後三國
― 52대 효공왕

만나고 헤어짐이
인간의 숙명이라면

뭉치고 흩어짐은
역사의 필연인가?

이백 년 남짓 하나 이다가
또 다시 세 쪽으로….

\* 52대 효공왕孝恭王(재위 897년~912년)

- 897년(효공 원년) 헌강왕의 서자 요嶢가 위에 오름
  898(효공 2) 7월 궁예가 송악군松岳郡(개성)에 도읍을 정함
  899(효공 3) 7월 북원의 양길이 궁예를 치려다 패배함
  900(효공 4) 10월 국원(충주), 청주, 괴양(괴산)의 청길과 신훤 등이
  　　　　　　　　궁예에게 성을 바치고 투항함
  901(효공 5) 궁예가 왕을 자칭하였음

〈신라 30대 문무왕 8년(668년) 신라가 고구려를 멸망시켜 삼국을 통일한 이후, 233년 만에 한반도는 다시 삼국으로 분열되었다.〉

  903(효공 7) 궁예가 도읍을 옮기기 위해 철원과 부양(평강) 등의
  　　　　　　산수를 살핌
  904(효공 8) 궁예가 신라의 제도를 따라 백관百官을 설치함
  　　　　　　국호를 마진摩震, 연호를 무태武泰라 함
  905(효공 9) 7월 궁예가 철원으로 도읍을 옮김
  　　　　　　8월 궁예의 군사가 죽령 동북지역까지 이름
  907(효공 11) 일선군(선산) 이남 10여성이 견훤의 땅이 됨
  909(효공 13) 6월 궁예 군사들이 병선을 타고와 진도군
  　　　　　　 (진도)의 항복을 받음
  910(효공 14) 견훤이 군사 3천으로 나주성(나주)를 포위함
  911(효공 15) 궁예가 국호를 태봉泰封
  　　　　　　 연호를 수덕만세水德萬歲라 함
  912(효공 16) 4월 별세, 사자사 북쪽(배반동)에 장사지냄.

## 역성易姓
　　— 53대 신덕왕


왕의 성姓이 바뀌는데 왜 이리 조용할까?

김씨 나라
박씨 나라
나누기로 합의 봤나?

하지만 그 당시에는
부르는 게 성姓이었다.

* 53대 신덕왕神德王(재위 912년~917년)


- 912년(신덕 원년) 49대 헌강왕의 사위 박경휘를 추대함

〈17대 내물이사금이 즉위(356년)한 이래로 세습되어오던 김씨 왕계가 556년 만에 박씨로 바뀌었는데도 사서에는 아무런 설명이 없다.
49대 헌강왕의 아들 요(嶢)가 52대 효공왕이 되어, 왕3년(899년) 이찬 예겸(乂謙)의 딸을 왕비로 맞았다. 그리고 13년 뒤 효공왕이 죽고 예겸(乂謙)의 아들 경휘(景暉)가 53대 신덕왕이 되었는데, 왕비가 헌강왕의 딸(효공왕의 누이)이다. 즉 신덕왕은 헌강왕의 사위다.
예겸은 딸과 아들을 왕과 그 누이에게 혼인시키고, 아들을 왕으로 만든 당대의 실세였다. 족내혼을 하던 신라 왕실의 관습상 예겸도 당연히 김씨였을 것이다. 이와 관련 56대 경순왕 김부(金傅)가 박씨라던 55대 경애왕의 족제(族弟, 먼 집안 동생)라는 삼국사기 경애왕 말년 기사를 참고할만하다.
그런데 삼국사기에는 신덕왕은 박씨이고 8대 아달라이사금의 후손이라 하였다. 하지만 9대 벌휴이사금 조에 의하면 아달라에 아들이 없어 석씨인 벌휴가 이사금이 되었다고 했다. 김부식의 착각이었을까?
삼국유사의 기록에 의하면, 신덕왕의 모친은 정화부인인데 각간 순홍(順弘)의 딸로 아달라의 먼 후손이라 하였다. 신덕왕이 아달라의 외손인 셈이다. 그런데 왜 신덕왕을 박씨라 하였을까?〉

〈신라 시대에는 성(姓)에 대한 관념이 별로 없었다. 따라서 예겸의 딸이 52대 효공왕의 비가 되었을 때(899년), 예겸이 성을 김씨에서 박씨로 바꾸었을 것으로 추정해본다.〉

917(신덕 6) 7월 별세, 죽성(배리 삼릉)에 장사지냄.

## 회한悔恨
  ― 54대 경명왕

신민臣民의 뜻을 모아
중흥中興을 이루리라

잘 해보고 싶었다
잘 되리라 믿었다

하지만 무얼 어쩌랴
바다에 뜬 편주片舟에서.

* 54대 경명왕景明王(재위 917년~924년)

- 917년(경명 원년) 7월 신덕왕의 태자 승영昇英이 위에 오름
  8월 아우 이찬 위응魏膺을 상대등에 임명
  918(경명 2) 2월 일길찬 현승이 모반하다가 처형됨
  6월 궁예의 부하들이 왕건王建을 왕으로 추대
  궁예가 도주하다가 부하에게 피살됨
  왕건이 즉위하여 연호를 새로 정함
  7월 상주의 아자개阿玆盖가 왕건에 항복함
  919(경명 3) 왕건이 송악군(개성)으로 도읍을 옮김
  920(경명 4) 정월 고려와 수교하였음
  2월 강주(진주) 장군 윤웅이 왕건에 항복함
  10월 후백제 견훤이 대야성(합천)을 점령
  왕건에게 구원을 요청하였음
  왕건이 응하자 견훤이 군사를 물림
  922(경명 6) 정월 하지성(풍산) 장군 원봉과 명주(강릉)
  장군 순식이 고려에 항복함
  진보성(진보) 장군 홍술이 고려에 항복함
  923(경명 7) 7월 명지성(포천?) 장군 성달과 경산부京山府 (성주)
  장군 양문 등이 고려에 항복함
  924(경명 8) 8월 별세, 황복사 북쪽(배리 삼릉)에 장사지냄
  고려에서 왕건이 사신을 보내 조문함.

## 능욕凌辱
— 55대 경애왕

싸움에 진 남정네야
목 하나면 그만이나

여자는 잃어야 할 게
하나 더 있지 않나?

하지만
왕이란 자가
취할 바는 못 되느니.

* 후백제왕 견훤이 경애왕을 자진케 하고, 그의 비를 강간하였다.

* 55대 경애왕景哀王(재위 924년~927년)


- 924년(경애 원년) 경명왕의 동모제 위응魏膺이 위에 오름
　925(경애 2) 10월 고울부(영천) 장군 능문이 고려에 투항 하였으나
　　　　　　왕건이 타일러 돌려보냄
　　　　　　그 성이 서라벌과 가까웠기 때문이었음
　927(경애 4) 정월 왕건이 직접 백제를 공격하자 왕이 군사를 출동시켜
　　　　　　그를 도움
　　　　　　4월 강주(진주) 관하의 돌산(승주군) 등, 네 고을이
　　　　　　왕건에게 귀순함
　　　　　　11월 포석정에서 견훤의 습격을 받고 자진함
　　　　　　남산 해목령(배동)에 장사지냄.

〈견훤이 쳐들어왔을 때 경애왕은 비빈 및 신하들과 포석정에서 놀고 있었다. 적병이 오는 것을 모르고 있었음으로 갑자기 어찌할 줄을 몰랐다. 왕은 왕비와 함께 후궁으로 뛰어 들어가고, 친척과 공경대부 및 사녀(士女)들은 사방으로 흩어져 달아나고 숨었다. 적에게 붙잡힌 자들은 고하를 막론하고 '살려달라' 빌었으나 화를 면하지 못했다. 견훤의 군사들은 공공의 재물이나 사사로운 재물을 거의 모두 약탈했다. 견훤은 부하들에게 경애왕을 찾게 하였다.
왕은 왕비와 첩 몇 사람과 함께 후궁에 있다가 잡혀왔다. 견훤은 왕을 협박하여 자살하게 하고, 왕비를 강간하였다. 그의 부하들에게는 왕의 비첩들을 강간하게 하였다. 그리고 왕의 족제(族弟, 먼 집안 동생)로 하여금 권지국사(權知國事, 고려시대에 중국으로부터 왕호를 받지 못한 왕의 임시 칭호)로 삼으니, 이가 곧 경순왕이다.〉

# 마의태자 麻衣太子
― 56대 경순왕

하루의 마지막도 저리 장엄 하거늘

천년의 마무리는 어이 이리 허술한가!

나[我]라도 베옷을 입어

붉은 노을이 되리.

## * 56대 경순왕敬順王(재위 927년~935년)

- 927년(경순 원년) 46대 문성대왕의 후손인 이찬 효종의 아들
  김부金傅를 견훤이 즉위시켰음
  928(경순 2) 5월 강주(진주) 장군 유문이 견훤에게 항복함
  10월 견훤이 무곡성(군위)을 점령함
  930(경순 4) 정월 재암성(청송) 장군 선필이 고려에 투항함
  9월 동해 주변 모든 주와 군이 고려에 투항함
  931(경순 5) 2월 왕건이 50여기를 거느리고 신라에 옴으로
  왕이 백관들과 나가 영접함
  934(경순 8) 9월 운주(홍성)의 30여 군현이 고려에 투항함
  935(경순 9) 10월 신라가 고려에 항복함

〈왕이 더 이상 나라를 보존할 수 없다고 판단하여 신하들과 고려에 항복할 것을 의논하였다. 여러 신하들이 왈가왈부하였다. 이때 태자가 "나라의 존망은 하늘에 달린 것입니다. 충신 의사들과 함께 민심을 수습하여 있는 힘을 다한 뒤에 망할지언정, 어찌 1천년의 역사를 가진 사직을 하루아침에 경솔히 남에게 주겠습니까?"라고 말했다.
왕은 "작금의 상황이 이와 같아서는 나라를 보전할 수 없다. 공연히 무고한 백성들을 참혹하게 죽도록 하는 것은 내가 할 바가 아니다."라고 말하고, 곧 시랑 김봉휴로 하여금 태조에게 편지를 보내 항복을 청하였다. 태자는 통곡하면서 왕에게 하직 인사를 하고, 산길을 따라 개골산(금강산)으로 들어갔다. 그는 바위 아래에 집을 짓고, 삼베옷을 입고 풀잎을 먹으며 일생을 마쳤다. 마의태자다.〉

978년(고려 5대 경종 3년) 별세, 경기도 연천에 장사지냄.

■ 별첨

   1. 용어해설
   2. 신라왕의 계보
   3. 신라의 국경분쟁 및 재난기록
   4. 신라 왕릉의 위치

■ 별지
   5. 신라왕의 왕위 계승도

## 1. 용어 해설

**간(干)** 일정한 지역과 백성을 소유한 소국(小國)의 우두머리들과 그 후손들을 부르던 말이다.

**간지(干支)** 신라를 구성했던 6부 수장들의 호칭으로 이들은 왕과 같은 권한을 가졌었다.

**갈문왕(葛文王)** 김부식에 의하면 '신라에서는 추봉한 왕을 모두 갈문왕이라고 부르는데, 그 의미는 확실하지 않다.'고 하였다.
애초부터 신라어(新羅語)로 구전되어 오던 것이 한자로 기록되면서 음이 바뀌었을 것이고, 뜻은 생략되었을 것이다.
갈문왕도 시대에 따라 바뀌었다. 박씨 왕 시대에는 왕비의 아버지가, 석씨 왕 시대에는 왕의 아버지나 외할아버지가, 눌지마립간 이후 김씨 왕위의 세습권이 확립된 이후에는 왕의 동생이 주로 갈문왕이 되었다. 특히 지증왕 대 및 그 이후에 제작된 각종 금석문에 의하면 왕은 훼부(喙部), 왕의 동생인 갈문왕은 사훼부(沙喙部) 소속으로 나타난다. 왕의 형제들이 신라 6부중 가장 큰 두 부를 장악하며, 신라 권력의 중심에 있었던 것으로 예상된다.

**결(結)** 토지면적을 표시하는 단위. 벼 한줌을 1파(把), 10파는 1속(束), 10속이 한 짐(負), 100짐의 벼를 생산할만한 논의 면적이 1결이다. 오늘날의 1,200평 정도다.

**계림(鷄林)** 김씨의 시조인 김알지가 탄생한 숲으로 시림(始林)이라고도 한다.

**관등(官等)** 신라 관등은 남당(南堂)의 좌석인 궐표제(橛標制)에서 기원하였다는 이병도설이 학계의 공인을 받고 있다. 즉 원시집회소의 전통을 갖는 남당이 관등의 순위에 따라 마립간을 중심으로 그 좌우측에 관등에 따라 병행, 배정되었을 것으로 생각하였다.

신라시대 관리들의 등급을 나타내는 관등에는 경위와 외위가 있다. 경위(京位)는 신라의 왕경인들에게 주던 관등이고, 외위(外位)는 지방민 고위층들에게 주던 관등이다.

〈〈경위〉〉는 17관등으로 되어있었고 그 명칭은 시대마다 변했다. 여기서는 진흥왕 22년(561년)에 건립된 창녕순수비에 기재된 관등명칭을 위주로 해서 표기했다. 우리가 많이 알고 있는 ㅇㅇ찬(ㅇㅇ湌)이라는 명칭은 이보다 뒤에 만들어진 것으로 보인다. 찬(湌)은 척간(尺干)의 준말이다. 삼국사기나 삼국유사 등의 사서에는 신라초기부터 ㅇㅇ찬이라는 관등표시가 나타나나, 현재까지 발견된 진흥왕 시대까지의 금석문에는 그러한 표시가 나타나지 않고 있다. 그 시대의 금석문이 후대에 쓰여진 역사서보다 더 그 시대를 정확하게 나타낼 것이다. 또 특별한 경우 17관등 중 제일 높은 일벌간 위에 대일벌간(大一伐干)같은 관등이 부여되기도 했다. 신라의 경위 17관등은 다음과 같다. 참고로 동일한 관등에 대한 다른 명칭도 〈 〉속에 열거해 두었다.

1위. 일벌간(一伐干) 〈일벌간지, 이벌찬(伊伐湌), 각간(角干), 각찬(角粲), 서불한(舒弗邯)〉
2위. 일척간(一尺干) 〈이간지(伊干支). 이찬(伊湌), 이척찬(伊尺湌)〉
3위. 잡간(迊干) 〈잡찬(迊湌), 잡판(迊判), 소판(蘇判)〉
4위. 파진간(波珍干) 〈아진간지(阿珍干支), 파진간지(波珍干支), 파진찬(波珍湌), 해간(海干), 파미간(波彌干)〉
5위. 대아간(大阿干) 〈대아간지(大阿干支), 태아간지(太阿干支), 대아찬(大阿湌)〉

6위. 아척간(阿尺干) 〈아간지(阿干支), 아찬(阿湌), 아찬(阿飡)〉
7위. 일길간(一吉干) 〈일간지(壹干支), 일길간지(一吉干支), 을길간(乙吉干), 일길찬(一吉湌)〉
8위. 사척간(沙尺干) 〈사간지(沙干支), 사찬(沙湌), 살찬(薩湌)〉
9위. 급척간(及尺干) 〈거벌간지(居伐干支), 급간지(及干支), 별찬(級伐湌), 급찬(級湌)〉
10위. 대나말(大奈末) 〈태나마(太奈麻), 대나마(大奈麻)〉
11위. 나말(奈末) 〈나마(奈麻)〉
12위. 대사(大舍) 〈대사제지(大舍帝智), 한사(韓舍)〉
13위. 사지(舍知) 〈소사제지(小舍帝智), 소사(小舍)〉
14위. 길사(吉士) 〈길지지(吉支智), 계지(稽知), 길차(吉次)〉
15위. 대오(大烏) 〈대오지(大烏知)〉
16위. 소오(小烏) 〈소오제지(小烏帝知), 소오지(小烏支)〉
17위. 조위(造位) 〈사족지(邪足智), 선저지(先沮知)〉

《《외위》》는 귀족의 신료들이나 피정복지의 현지 실력자 등에게 주어졌던 관등이다. 그러나 외위는 경위와는 근본적으로 다르다. 이들은 왕경인도 국인도 아니었다. 왕경인을 보조하는 기능만을 수행했다. 이 제도는 문무왕 14년(674년) 외위 대신 경위를 지급하면서 소멸했다. 외위는 11관등으로 되어 있었고 그 순위는 다음과 같다.

1위. 악간(嶽干)
2위. 술간(述干)
3위. 고간(高干)
4위. 귀간(貴干)
5위. 선간(選干) 〈찬간지(撰干支)〉
6위. 상간(上干)
7위. 간(干) 〈하간지(下干支)〉]
8위. 일벌(一伐)
9위. 일척(一尺)

10위. 피일(彼日)
11위. 아척(阿尺)

**구주 오소경(九州 五小京)**   통일신라시대의 지방통치 조직이다. 신문왕 때 전국을 9개의 주로 나누는 조직을 완비하였고, 왕경(수도)이 한쪽으로 치우쳐 있는 취약점을 보완하기 위해서 지방지배의 거점이 되는 곳에 설치한 소경도 이때 5개로 완비되었다.
9주는 옛 신라 땅에 상주(尙州), 양주(良州), 강주(康州) 3주를, 옛 백제 땅에 웅주(熊州), 전주(全州), 무주(武州) 3주를, 옛 고구려 땅에 한주(漢州), 삭주(朔州), 명주(溟州) 3주를 설치하였다. 5소경은 중원소경(충주), 북원소경(원주), 금관소경(김해), 서원소경(청주), 남원소경(남원) 등이다.

**국인(國人)**   삼국사기에 종종 나오는 국인(國人, 나라사람)은 우리가 생각하는 백성들과는 다르다. 신라에서는 지배층만이 신라의 '국인'이었다. 지배층에는 두 부류가 있었다. 하나는 애초부터 각자의 영토와 백성을 가졌던 간(干)들과 그 후손들이다. 이들 '간'층이 '골(骨)'족이다. 다른 하나는 '간'들의 부하들과 그 후손들인 '품(品)'층으로 곧 '품(品)'족이다. 이 골족과 품족이 신라사회의 근간을 이룬 '골품제도'를 구성하는 것이다. 골품을 가진 지배층은 신라 어디에 거주하던 '국인'이었고, '왕경인(王京人)'이었다. 이들은 신라 6부를 구성하면서 국가의 중대사를 논의하고 결정하였다. 골품이 없는 사람은 그냥 사람이었다.

**군주(軍主)**   협의의 주의 지방장관을 군주라 함. 본 해설 '주(州)'를 참조 바람.

**권지국사(權知國事)**   권지국사란 고려시대에 중국으로부터 왕호를 받을 때까지 왕 대신 사용하던 호칭이다. 삼국사기 신라본기에서는 경순왕에 대해서 사용하고 있다. 김부식이 고려의 사고방식으로 서술한 탓일 것이다.

**김대문(金大問, ? ~ ? )** 진골 출신의 귀족으로 신라 최대의 역사가다. 계림잡전(鷄林雜傳)·화랑세기(花郞世記)·고승전(高僧傳)·한산기(漢山記)·악본(樂本)등을 저술했다고 한다. 이 책들은 김부식(金富軾)이 삼국사기를 편찬할 당시(고려 인종 23년, 1145년)에는 남아있었다고 하나 현재는 전하지 않는다.

**김부식 논왈(論曰)** 삼국사기의 편찬자인 김부식은 삼국의 역사를 편찬하는 중간 중간 편찬자로서의 자신의 의견을 표시한 것이 있는데, 이때 논왈(論曰)이라고 문장을 시작하였다.

**나정(蘿井)** 신라 시조 박혁거세 탄생지다.

**남당(南堂)** 신라의 왕들이 신하들과 더불어 정사를 처리하던 곳이다.

**남산(南山)** 경주 남쪽에 있는 산.

**문천(蚊川)** 경주 남쪽의 월성을 끼고 흐르는 개천으로 지금의 남천이다.

**보(步)** 길이를 재던 단위. 1보는 6척이고, 1척은 약 30cm다.

**불교도입** 신라의 불교는 법흥왕이 즉위(514년)하기 50~100년 전인 19대 눌지왕(訥祗王, 417~458)때 사문(沙門) 묵호자(墨胡子)가 고구려로부터 일선군(一善郡, 지금의 경북 선산) 모례(毛禮)의 집에 들어오면서 시작되었다. 묵호자란 '얼굴이 검은 오랑캐 놈'이란 뜻으로 들어온 승려의 외모에 따라 붙인 이름이다.

**삼국사기(三國史記)** 1145년(고려 인종 23년)에 김부식(金富軾)등이 왕명에 따라 편찬한 삼국시대의 정사(正史)다. 중국의 정사체인 기전체의 역사서로서 본기 28권(고구려 10권, 백제 6권, 신라·통일신라 12권), 지

(志) 9권, 표 3권, 열전 10권으로 되어 있다.

**삼국유사(三國遺事)** 1281년(고려 충렬왕 7년)경에 승려 일연(一然, 1206~89)이 신라·고구려·백제 3국의 유사(遺事)를 모아서 지은 역사서로 김부식(金富軾)이 편찬한 삼국사기(三國史記)와 더불어 현존하는 한국 고대 최고의 역사책이다. 고조선(古朝鮮) 및 단군신화(檀君神話)에 대한 기록과 혜성가(彗星歌) 등 향가 14수가 실려 있는 귀중한 책이다.

**삼국지 위서 동이전(三國志 魏書 東夷傳)** 『삼국지』는 서진(西晉) 사람인 진수(陳壽, 233~297)가 280~289년 사이에 편찬한 중국 삼국시대의 정사(正史)로서 위서(魏書) 30권, 촉서(蜀書) 15권, 오서(吳書) 20권으로 되어있다. 이 중 위서 제30권(卷) '오환선비동이전(烏丸鮮卑東夷傳)'에는 중국 동북부의 유목 민족인 오환(烏丸), 선비(鮮卑)와 함께 동이계열의 부여(夫餘), 고구려(高句麗), 옥저(沃沮), 읍루(挹婁), 예(濊), 마한(馬韓), 진한(辰韓), 변한(弁韓), 왜(倭) 등에 관한 기록이 있다.
이 책은 동이에 대하여 기록한 최초이자 가장 오래된 역사서로서 우리의 역사와 문화를 이해하는데 대단히 중요한 사료로 평가되고 있다.

**상대등(上大等)** 상대등은 진골 신분인 대등(大等)들의 대표로 국왕의 권한을 견제하면서 국사를 총괄하였다. 상대등의 정치적 위상은 시중과 더불어 시대에 따라 변하였다.

**성골(聖骨)** 성골은 진골(眞骨)들이 자신의 지위를 높이기 위해 왕족을 더 높게 신성시함으로서 생긴 '신성한 골(骨)'이다. 성골은 신분이라기보다 '왕이 될 자격'을 정한 것으로 국왕과 왕위계승자를 일컫는 말이다.

**시중(侍中)** 시중은 국왕을 보좌하여 기밀 사무를 관장하면서 국가행정을 총괄하였다. 시중의 정치적 위상은 상대등과 함께 시대에 따라 변하였다.

알영정(閼英井)  박혁거세의 아내인 알영이 태어났다고 하는 경주시 탑동 나정 북쪽에 있는 우물이다.

알천(閼川)  경시 시내 북쪽을 흐르는 개천으로 지금의 북천이다.

오릉(五陵)  신라 1대왕 박혁거세와 그 왕비 알영부인, 2대 남해왕, 3대 유리왕, 5대 파사왕의 무덤이 모여 있는 지역을 말한다.

월성(月城)  신라왕들이 주로 거처하던 성으로 재성(在城)이라고도 불리었고, 현재 경주에 있는 반월성을 말한다.

이차돈(異次頓)  이차돈은 17대 내물의 5세손으로 아버지는 아찬 길승(吉升)이다. 길승은 법흥왕의 4촌 동생이니, 이차돈은 법흥왕의 5촌 조카가 된다.
일연의 삼국유사 제3권 흥법편 '원종흥법 염촉멸신' 조에 따르면 이차돈의 '이차'는 '고슴도치'라는 뜻이고 '돈'은 조사라 의미가 없다고 한다.
이차돈이 법흥 14년(527년) 순교하였을 때 나이가 22세라는 설도 있고 26세라는 설도 있으나 통상 22세설을 많이 취하고 있다. 그리고 이때 이차돈의 직책이 왕의 수행비서 격인 내사사인(內史舍人)이라 하였다.

주(州)  신라시대에는 넓은 의미의 주(州)와 좁은 의미의 주가 있었다. 광역주는 여러 개 군(郡)을 포괄하는 지역으로 예를 들면 상주(上州)처럼 현재의 경북 상주, 김천, 선산지역을 포괄하는 주를 말한다. 이 광역주에는 지방장관으로 주행 사대등(州行 使大等)을 두었다.
이에 비해 협의주는 1개 군 정도의 영역을 가진 주의 치소(治所)로서 감문주(甘文州, 경북 김천)등이 그 예이다. 이 협의주에는 지방장관으로 군주(軍主)를 두었다. 군주는 왕명을 받아 주 내의 행정, 사법권을 행사하였고 지역 내의 병력도 통솔하였다.
이렇게 이중적인 지방장관을 둔 것은 군주가 파견된 주 치소가 전방에 치우쳐 있는데서 오는 불편을 없애기 위해서다. 즉 광역주에 속한 군(郡) 중 치소가 아닌 후방지역 군(郡)에는 왕명을 받은 주행 사대등이 수시로 나가 지방장관의 역할을 하도록 한 것이다.

**주군현제(州郡縣制)**  통일신라시대의 지방행정체제의 단계이다. 오늘날의 도에 해당하는 조직이 주(州), 군에 해당하는 것이 군(郡), 면에 해당하는 것이 현(縣)이다. 주에는 도독(都督), 군에는 태수(太守), 현에는 현령(縣令)이라는 관리를 두어 관할지역을 관리하였다. 참고로 소경에는 사신(仕臣) 또는 사대등(仕大等)을 파견하여 업무를 관장하였다.

**진골(眞骨)**  진흥왕 6년(545년) 역사책인 국사(國史)를 편찬하면서 17대 내물이사금의 후손들은 스스로를 다른 귀족들과 구별하여 골(骨) 중에서도 '진정한 골'이라며 진골(眞骨)이라 규정하였다. 자신들과 박씨 및 석씨 왕족 일부만을 진골로 편입하여 5등급인 대아찬(代阿湌) 이상의 관등을 독점했다. 나머지 간(干)들에게는 9등급인 급찬(級湌)에서 6등급인 아찬(阿湌)까지의 관등을 주었다. 여기서 찬(湌)은 척간(尺干)의 준말로 '간(干)'의 자손이란 뜻이다. 즉 간의 자손으로 인정은 하지만 내물의 후손인 진골과는 격이 다르다는 것을 의미했다.

**춘추(春秋)**  춘추는 중국 춘추시대(春秋時代) 노(魯)의 은공(隱公) 원년(元年, BC 722년)에서 애공(哀公) 14년(BC 481년)까지 12대(代) 242년 동안의 역사(歷史)를 편년체(編年體)로 기록하고 있다. 기원전 5세기 초에 공자(孔子, BC 552~BC 479)가 노(魯)에 전해지던 사관(史官)의 기록을 직접 편수(編修)한 것으로 알려져 있다.

춘추는 1800여 조(條)의 내용이 1만 6500여 자(字)로 이루어져 있어 간결한 서술을 특징으로 한다. 공자는 사실을 간략히 기록했을 뿐, 비평이나 설명은 철저히 삼갔는데 직분(職分)을 바로잡는 정명(正名)과 엄격히 선악(善惡)을 판별하는 포폄(褒貶)의 원칙에 따라 용어를 철저히 구별하여 서술하였다. 예를 들어 사람이 죽었을 때도 대상이나 명분에 따라 '시

(弑)'와 '살(殺)'을 구분하였으며, 다른 나라를 쳐들어갔을 때도 '침(侵)', '벌(伐)', '입(入)', '취(取)' 등의 표현을 구분해 사용했다. 이처럼 공자(孔子)는 춘추(春秋)에서 단순히 역사적 사실만을 전달하는 것이 아니라, 대의명분(大義名分)을 밝혀 그것으로써 천하의 질서를 바로 세우려 하였다. 이로부터 명분(名分)에 따라 준엄하게 기록하는 것을 '춘추필법(春秋筆法)'이라고 한다.

춘추는 유학(儒學)에서 오경(五經)의 하나로 여겨지며, 동주(東周) 시대의 전반기를 춘추시대(春秋時代)라고 부르는 것도 이 책의 명칭에서 비롯되었다.

**화백회의(和白會議)**   신라 6부 촌장회의를 그 기원으로 하는 신라의 귀족회의로 국가의 중대사를 논의했으며 만장일치제로 운영되었다.

## 2. 신라왕의 계보(재위기간)

### 上代

1대 박혁거세朴赫居世 거서간居西干 (BC 57년~AD 4년)
2대 남해南解 차차웅次次雄 (AD 4년~24년)
3대 유리儒理 이사금尼師今 (24년~57년)
4대 탈해脫解 이사금尼師今 (57년~80년)
5대 파사婆娑 이사금尼師今 (80년~112년)
6대 지마祇摩 이사금尼師今(112년~134년)
7대 일성逸聖 이사금尼師今(134년~154년)
8대 아달라阿達羅 이사금尼師今(154년~184년)
9대 벌휴伐休 이사금尼師今(184년~196년)
10대 내해奈解 이사금尼師今(196년~230년)
11대 조분助賁 이사금尼師今(230년~247년)
12대 첨해沾解 이사금尼師今(247년~261년); 261. 12. 28 사망
13대 미추味鄒 이사금尼師今(262년~284년)
14대 유례儒禮 이사금尼師今(284년~298년)
15대 기림基臨 이사금尼師今(298년~310년)
16대 흘해訖解 이사금尼師今(310년~356년)
17대 내물奈勿 이사금尼師今(356년~402년); 삼국유사에는 내물부터 마립간으로 기록되어 있는데, 이것이 학계의 다수설이다.
18대 실성實聖 이사금尼師今(402년~417년)
19대 눌지訥祇 마립간麻立干(417년~458년)
20대 자비慈悲 마립간麻立干(458년~479년)
21대 소지炤知 마립간麻立干(479년~500년)
22대 지증智證 마립간麻立干(500년~514년)
23대 법흥왕法興王(514년~540년)
24대 진흥왕眞興王(540년~576년)
25대 진지왕眞智王(576년~579년)

26대 진평왕眞平王(579년~632년)
27대 선덕여왕善德女王(632년~647년)
28대 진덕여왕眞德女王(647년~654년)

### 中代

29대 무열왕武烈王(654년~661년)
30대 문무왕文武王(661년~681년)
31대 신문왕神文王(681년~692년)
32대 효소왕孝昭王(692년~702년)
33대 성덕왕聖德王(702년~737년)
34대 효성왕孝成王(737년~742년)
35대 경덕왕景德王(742년~765년)
36대 혜공왕惠恭王(765년~780년)

### 下代

37대 선덕왕宣德王(780년~785년)
38대 원성왕元聖王(785년~798년) 12월 29일 사망
39대 소성왕昭聖王(799년~800년)
40대 애장왕哀莊王(800년~809년)
41대 헌덕왕憲德王(809년~826년)
42대 흥덕왕興德王(826년~836년)
43대 희강왕僖康王(836년~838년)
44대 민애왕閔哀王(838년~839년)
45대 신무왕神武王(839년 1월~839년 7월 23일)
46대 문성왕文聖王(839년~857년)
47대 헌안왕憲安王(857년~861년)
48대 경문왕景文王(861년~875년)
49대 헌강왕憲康王(875년~886년)
50대 정강왕定康王(886년~887년)

51대 진성여왕眞聖女王(887년~897년)
52대 효공왕孝恭王(897년~912년)
53대 신덕왕神德王(912년~917년)
54대 경명왕景明王(917년~924년)
55대 경애왕景哀王(924년~927년)
56대 경순왕敬順王(927년~935년)


* 삼국사기와 삼국유사의 시대구분

| 삼국사기 | 上代 | 中代 | 下代 |
|---|---|---|---|
| | 박혁거세~진덕여왕 | 무열왕~혜공왕 | 선덕왕~경순왕 |
| | 성골 왕 | 무열왕계 진골 왕 | 내물왕방계 진골 왕 |
| 삼국유사 | 上古 | 中古 | 下古 |
| | 박혁거세~지증왕 | 법흥왕~진덕여왕 | 무열왕~경순왕 |
| | 신라고유 왕명 | 불교식 왕명 | 중국식 왕명 |

## 3. 신라의 국경분쟁 및 재난기록

| 역대왕 | 왜 | 고구려 | 백제 | 唐 | 실패한 모반 | 지진 |
|---|---|---|---|---|---|---|
| 1 혁거세 | | | | | | |
| 2 남해 | 1 | | | | | |
| 3 유리 | | | | | | 1 |
| 4 탈해 | 1 | | 7 | | | 1 |
| 5 파사 | | | 1 | | | 2 |
| 6 지마 | 1 | | | | | |
| 7 일성 | | | | | | |
| 8 아달라 | | | 4 | | 1 | |
| 9 벌휴 | | | 3 | | | |
| 10 내해 | 1 | | 5 | | | 1 |
| 11 조분 | 3 | 1 | 1 | | | 1 |
| 12 첨해 | 1 | | 2 | | | |
| 13 미추 | | | 5 | | | |
| 14 유례 | 3 | | | | | |
| 15 기림 | | | | | | 2 |
| 16 흘해 | 1 | | | | | |
| 17 내물 | 2 | | | | | 2 |
| 18 실성 | 4 | | 1 | | | 1 |
| 19 눌지 | 4 | 2 | | | | 1 |
| 20 자비 | 5 | 1 | | | | 2 |
| 21 소지 | 4 | 7 | | | | |
| 22 지증 | | | | | | 1 |
| 23 법흥 | | | | | | |
| 24 진흥 | | 2 | 4 | | | 1 |
| 25 진지 | | | 2 | | | |
| 26 진평 | | 4 | 10 | | 1 | 1 |
| 27 선덕 | | 4 | 8 | | 1 | 1 |

| | | | | | | |
|---|---|---|---|---|---|---|
| 28 진덕 | | | 3 | | | |
| 29 무열 | | 2 | 2 | | | 1 |
| 30 문무 | | 3 | | 56 | 1 | 6 |
| 31 신문 | | | | | 1 | |
| 32 효소 | | | | | 1 | 2 |
| 33 성덕 | 1 | | | | | 8 |
| 34 효성 | | | | | 1 | 2 |
| 35 경덕 | | | | | | 2 |
| 36 혜공 | | | | | 5 | 6 |
| 37 선덕 | | | | | | |
| 38 원성 | | | | | 1 | 3 |
| 39 소성 | | | | | | |
| 40 애장 | | | | | | 3 |
| 41 헌덕 | | | | | 2 | |
| 42 흥덕 | | | | | | 1 |
| 43 희강 | | | | | | |
| 44 민애 | | | | | | |
| 45 신무 | | | | | | |
| 46 문성 | | | | | 4 | |
| 47 헌안 | | | | | | |
| 48 경문 | | | | | 3 | 3 |
| 49 헌강 | | | | | 1 | |
| 50 정강 | | | | | 1 | |
| 51 진성 | | | | | 1 | |
| 52 효공 | | | | | | |
| 53 신덕 | | | | | | 2 |
| 54 경명 | | | | | 1 | |
| 55 경애 | | | | | | |
| 56 경순 | | | | | | 2 |
| 계 | 32 | 26 | 58 | 56 | 26 | 59 |

## 4. 신라 왕릉의 위치

- 신라왕은 김씨 38명, 박씨 10명, 석씨 8명 계56명이다.
- 신라 왕릉의 위치는 경주 및 그 인근에 36기, 경남 양산에 1기, 경기도 연천에 1기, 소재를 알 수 없는 왕릉이 18기이다.
  하지만 현재까지 알려진 피장자와 실제의 피장자가 다르다는 주장도 많이 있다.

| 대수 | 왕 명 | 왕 릉 위 치 |
|---|---|---|
| 1 | 박혁거세거서간 | 경주시 탑동 67 오릉 |
| 2 | 남해차차웅 | 경주시 탑동 67 오릉 |
| 3 | 유리이사금 | 경주시 탑동 67 오릉 |
| 4 | 탈해이사금 | 경주시 동천동 산 17 |
| 5 | 파사이사금 | 경주시 탑동 67 오릉 |
| 6 | 지마이사금 | 경주시 배동 30 |
| 7 | 일성이사금 | 경주시 탑동 산 23 |
| 8 | 아달라이사금 | 경주시 배동 73-1 배리삼릉 |
| 9 | 벌휴이사금 | 불명 |
| 10 | 내해이사금 | 불명 |
| 11 | 조분이사금 | 불명 |
| 12 | 첨해이사금 | 불명 |
| 13 | 미추이사금 | 경주시 황남동 89-2 대릉원 |
| 14 | 유례이사금 | 불명 |
| 15 | 기림이사금 | 불명 |
| 16 | 흘해이사금 | 불명 |
| 17 | 내물이사금 | 경주시 교동 14 |
| 18 | 실성이사금 | 불명 |
| 19 | 눌지마립간 | 불명 |
| 20 | 자비마립간 | 불명 |
| 21 | 소지마립간 | 불명 |
| 22 | 지증마립간 | 불명 |

| | | |
|---|---|---|
| 23 | 법흥왕 | 경주시 효현동 63 |
| 24 | 진흥왕 | 경주시 서악동 산 92-2 |
| 25 | 진지왕 | 경주시 서악동 산 92-2 |
| 26 | 진평왕 | 경주시 보문동 608 |
| 27 | 선덕(善德)여왕 | 경주시 보문동 산 79-2 |
| 28 | 진덕여왕 | 경주시 현곡면 오류리 산 48 |
| 29 | 무열왕 | 경주시 서악동 842 |
| 30 | 문무왕 | 경주시 양북면 봉길리  대왕암 |
| 31 | 신문왕 | 경주시 배반동 453-1 |
| 32 | 효소왕 | 경주시 조양동 산 8 |
| 33 | 성덕왕 | 경주시 조양동 산 8 |
| 34 | 효성왕 | 화장하여 동해에 뿌려 불명 |
| 35 | 경덕왕 | 경주시 내남면 부지리 산 8 |
| 36 | 혜공왕 | 불명 |
| 37 | 선덕(宣德)왕 | 화장하여 산골하여 불명 |
| 38 | 원성왕 | 경주시 외동읍 괘능리 산 17 삼국사기에는 화장하였다 함 |
| 39 | 소성왕 | 불명 |
| 40 | 애장왕 | 불명 |
| 41 | 헌덕왕 | 경상북도 경주시 동천동 80 |
| 42 | 흥덕왕 | 경주시 안강읍 육통리 산 42 |
| 43 | 희강왕 | 경주시 내남면 망성리 34 |
| 44 | 민애왕 | 경주시 내남면 망성리 산 40 |
| 45 | 신무왕 | 경주시 동방동 660 |
| 46 | 문성왕 | 경주시 서악동 산 92-1 |
| 47 | 헌안왕 | 경주시 서악동 산 92-2 |
| 48 | 경문왕 | 불명 |
| 49 | 헌강왕 | 경주시 남산동 산 55 |
| 50 | 정강왕 | 경주시 남산동 산 53 |
| 51 | 진성여왕 | 경남 양산시 어곡동(황산?) 추정 삼국유사에는 화장하였다 함 |

| 52 | 효공왕 | 경주시 배반동 산 14 |
| 53 | 신덕왕 | 경주시 배동 73-1  배리삼릉 |
| 54 | 경명왕 | 경주시 배동 73-1  배리삼릉 |
| 55 | 경애왕 | 경주시 배동 73-1 |
| 56 | 경순왕 | 경기도 연천군 장남면 고랑포리 산 18-2 |

변영교 역사시집

살아 천년 죽어 천년 신라

―――――――――――――――――――

지은이 / 변영교
펴낸이 / 金映希
펴낸곳 / 도서출판 土房
2018년 4월 10일 초판 1쇄 발행
등록 1991. 2. 20. 제6-514호
서울특별시 성북구 북악산로 746. 101-1303
전화 766-2500, 팩시밀리 747-9600
e-mail / tobang2003@hanmail.net
ⓒ 변영교, 2018

―――――――――――――――――――

ISBN 979-11-86857-05-2 03810